U0613836

全球食物

马铃薯简史

陈萌山
王秀丽 / 著
孙君茂

中国农业出版社

CHINA AGRICULTURE PRESS

北京

图书在版编目（CIP）数据

马铃薯简史. 全球食物 / 陈萌山，王秀丽，孙君茂
著.— 北京：中国农业出版社，2020.8
  ISBN 978-7-109-21410-1

  Ⅰ．①马⋯ Ⅱ．①陈⋯②王⋯③孙⋯ Ⅲ．①马铃薯
－产业发展－研究②马铃薯－食品营养－研究 Ⅳ.
①F316.11②R151.3

中国版本图书馆CIP数据核字（2016）第015526号

马铃薯简史 全球食物
MALINGSHU JIANSHI QUANQIU SHIWU

中国农业出版社出版
地址：北京市朝阳区麦子店街18号楼
邮编：100125
出　版　人：陈邦勋
责任编辑：李　梅
版式设计：水长流文化　　责任校对：吴丽婷
印刷：北京中科印刷有限公司
版次：2020年8月第1版
印次：2020年8月北京第1次印刷
发行：新华书店北京发行所
开本：710mm×1000mm　1/16
印张：14　　插页：1
字数：350千字
定价：68.00元

版权所有·侵权必究
凡购买本社图书，如有印装质量问题，我社负责调换。
服务电话：010－59195115　010－59194918

本书有关马铃薯主食产业开发的产品、技术、工艺、设备等来自国家公益性行业（农业）科研专项"马铃薯主粮化关键技术体系研究与示范"项目组的科学家提供的研发成果，他们是王小虎、熊兴耀、张泓、木泰华、庞昭进、胡新元、黄天荣、郑虚、游向荣、赵丽云等，谨致谢忱。

以科技创新引领马铃薯产业开发

余欣荣

　　推进马铃薯主粮化已经五年了，取得了斐然成果：以科技创新带动马铃薯主粮产品产业开发取得新进步，从马铃薯主粮化品种选育、种植技术，到保鲜、储存、加工等领域获得一系列科技成果；以理论创新推动马铃薯产业开发持续发展，在国内对马铃薯主食产品首次开展的健康功效评估，为科学验证马铃薯主食产品对我国特殊人群血压、血糖、血脂均有一定控制作用的健康功效提供了权威依据；以健康为导向的"营养、安全、健康"的主食消费理念不断深入人心，引导广大消费者科学食用马铃薯主食，推动马铃薯主食进入百姓餐桌。这些成绩来之不易，令人鼓舞，催人奋进。

　　实践的每一进步，都期待理论的前行。这次奉献给读者的《马铃薯简史 中国主粮》和《马铃薯简史 全球食物》两本书，就是我国对马铃薯主粮化产业理论研究的最新成果和集大成之作。通过这两本书，我们读者既可以详细学习马铃薯主粮化方面的有关知识，也可以系统了解马铃薯主粮化的前前后后、艰辛历程、背后故事。它们的出版，也将为我们今后继续推进这项工作提供更多的支撑和参考。

一、深入推进马铃薯主粮产品产业化开发，对保障国家粮食安全，促进农业高质量发展有重要作用

马铃薯主粮产品产业化开发，是一项兼具经济、社会、生态和文化特点的发展过程，在全面建成小康社会后，对更好地保障我国未来粮食安全、满足居民膳食结构健康升级，优化农业结构调整，推进农业绿色发展，都是一项创新举措，对促进乡村振兴目标实现，将产生重要而深远的影响。在工作中我们要注意把握马铃薯主粮化发展特点及其规律，正确处理好乡村振兴与推进马铃薯产业化发展的关系，做到因势而谋、应势而动、顺势而为。

（一）因势而谋推进马铃薯产业化开发，有利于改善膳食结构，满足人民群众消费健康升级的需要。 全面建成小康社会，最显著的变化不仅是温饱问题的解决，更是经济、文化、社会、生活等方面的全面进步。相应的，随着老百姓生活更加宽裕、殷实，城乡居民的膳食状况将会明显改善，身体素质也将整体提升。但是，由于中国人的饮食习惯，高脂高热等不合理饮食结构，带来居民的超重、肥胖以及高血压、血脂异常、糖尿病等慢性病患病率增加并呈向低龄化蔓延的趋势，即现在老百姓常说的"富贵病"多了的现象。因此，社会对改善食物营养结构的需求增加、愿望迫切。其途径不仅要改进副食，还要下力气优化一日三餐的主食结构。开发马铃薯主食产品，是一种比较理想的选择。**其一，营养丰富全面。** 除碳水化合物外，马铃薯还含有蛋白质、矿物质，赖氨酸含量远高过小麦和稻米，还有小麦和稻米中都没有的胡萝卜素。马铃薯块茎中淀粉含量为13.2%～24.3%，具有直链和支链两种结构型，花色马铃薯中还富含花青素、多酚等强抗氧化剂，兼具粮食、蔬菜、水果的营养。**其二，结构有益健康。** 马铃薯脂肪含量低，蛋白质品质高，含量一般为1.6%～2.1%，氨基酸构成接近于大豆蛋白，易于消化吸收；富含膳食纤维，有助于预防消化系统某些疾病；热量低，每百克只有77

千卡[①]热量，远低于小麦的每百克317千卡、大米的每百克346千卡。在消费者不断追求膳食多元和营养健康的新时期，积极推进马铃薯由副食消费向主副兼食消费转变，开发并提供适合中国居民一日三餐消费习惯的全营养马铃薯系列产品，是今后不断改善国民身体素质的一条重要途径。

（二）**应势而动推进马铃薯产业化开发，有利于挖掘生产潜力，开辟保障国家粮食安全的新途径。**各方面的预测显示，未来较长一个时期，我国粮食消费需求仍将呈刚性增长。但受耕地、水等资源的约束和种植效益的影响，小麦、水稻等主粮品种继续增产的成本提高、空间变小、难度加大，需要开辟粮食增产农民增收的新途径。马铃薯耐寒、耐旱、耐瘠薄，适应性广，从南到北、从高海拔到低海拔的大部分区域都能种植，特别是开发利用南方冬闲田，扩种马铃薯潜力大。同时也应看到，依靠科技提高马铃薯产量潜力的空间很大。研究表明，马铃薯理论亩产[②]可达8吨，2018年全世界马铃薯平均单产1.4吨，我国只有1.2吨多。与南非、巴西、印度等发展中国家相比，我国的马铃薯亩产低一半；更低于新西兰、美国、加拿大、法国、瑞典等发达国家。通过推进马铃薯主粮化，在不挤占三大主粮种植面积的前提下，因地制宜扩大马铃薯种植面积，同时集成推广高产高效、绿色技术模式等，将会显著提高我国马铃薯的单产和总产水平，为不断提高国家粮食安全保障水平开辟了现实有效途径。

（三）**顺势而为推进马铃薯产业化，有利于缓解资源环境压力，有力提升我国农业绿色发展水平。**过去，在供求紧张的压力下，加之生产水平低，只能靠加强资源利用强度和不断增加投入来实现产量的增加。这种粗放经营的方式难以持续，需要转变农业发展方式。从节水的角度讲，马铃薯生长需水少，其最低蒸腾系数[③]只有350，而小麦、水稻分别是450和500，这使马铃薯可能成为雨养农业的一种主推作物。在年降水量350毫米左右的西北干旱半干旱地区，谷物类作物生长发育困难，而马铃薯不仅能正常生长，还能减少水土流失。马铃薯主粮化项目组在河北衡水的试验显示，在年降水量500毫米的华北地下水超采区，完全雨养条件下马铃薯亩产可达到2吨以上。农民讲，种马铃薯省水、省肥、省药、还省劲。

二、以实施乡村振兴战略为新动力，不失时机地深入推进马铃薯主粮产品产业化开发进程

马铃薯在我国种植食用已有400多年的历史，经过一代又一代人的不懈努力，到目前全国种植面积已近亿亩，这是一个了不起的成就。但受消费习惯、生产成本、市场需求等因素的影响，马铃薯生产消费总体水平不高，仍基本处于副食消费领域，主食消费还处于起步阶段。其原因主要体现在：**一是缺乏符合中国蒸煮饮食文化的主食产品。**自马铃薯引进中国以来，国内马铃薯消费一直以鲜食为主。改革开放后在西式快餐食品的影响下，增加了薯条薯泥等消费方式，但由于其高热量等健康隐患，发展中充满争议，而符合中国人饮食习惯的马铃薯主食产品一直缺位，仅有地区特色小吃在小范围内流行，没有得到大规模推广。**二是缺少适合加工中国主食产品的专用薯种与加工技术。**适合加工中国大众的主粮化产品，包括马铃薯馒头、面条、米饭等主食产品，馕、米线等地区特色产品，面包、糕点等休闲产品等，其专用薯种、加工技术与装备几乎空白。**三是以健康为导向的主食消费观念还没有形成。**虽然经过多年的宣传普及，群众的健康饮食观念在增强，但是马铃薯主食消费的社会氛围还不浓厚。近代以来，由于多种原因，我国社会多将马铃薯看作饱腹充饥的食物，对其营养价值的关注度不高，主粮化的相关支持政策也不足。**四是生产成本较高，缺乏市场竞争力。**现有马铃薯的品种特性使其种植、加工成本较小麦、水稻等主粮通常要高一倍以上，因为生产成本高，减弱了人们参与生产、消费的热情。

但是应该看到，随着我国工业化、城镇化快速推进，城乡居民生活水平大幅提高，健康意识不断增强，加之农业科技不断进步和调整优化农业结构的驱动，特别是近五年来推进马铃薯主粮化工作取得的成绩，社会对马铃薯主食消费的认知达到了空前的高度。紧紧抓住国家全面实施乡村振兴战略的契机，深入推进马铃薯主粮产品产业化开发，正逢其时，时不我待。

第一，城乡居民改善膳食营养的新需求，为马铃薯主粮产品产业化开发提供了基础动力。现在我国人均国民收入水平已进入中等收入国家行列，居民食物消费需求也正进入以营养指导膳食的重要转型时期。《中国食物与营养发展纲要（2014—2020年）》《国民营养计划（2017—2030）》等纲领性文件的发布，以及社会各界对营养知识的大力宣传，促进并加深了居民对膳食营养的深刻认知。近些年，经过卫生、农业农村等部门和马铃薯主粮化项目组科学家的不懈努力，社会对马铃薯及其主食的营养价值认知不断加深。顺应城乡居民吃饱、吃好、吃健康的新需求，推进马铃薯主粮化的市场环境正在形成。根据淀粉工业协会马铃薯淀粉专业委员会数据，马铃薯鲜食菜用占比由2015年的75%下降到2019年的65%左右，用于加工食用占比由15%增长到25%。

第二，农业绿色发展和结构调整的新要求，为马铃薯主粮产品产业化开发提供了发展契机。我国水土资源严重短缺、生态环境压力越来越大。为促进农业可持续发展，在水资源短缺的西北、地下水严重超采的华北和冬闲田资源丰富的南方地区，要转变发展方式、优化种植结构。而马铃薯生产节水、节地、节肥、省药，使之成为农业结构调整的主要替代作物之一。初步统计，2019年马铃薯总产和单产（折粮后④）达到355.7亿斤⑤和253.8公斤/亩，分别比2015年提高26.6亿斤和24.6公斤/亩。

第三，品种选育与配套技术的新进展，为马铃薯主粮产品产业化开发打下了良好基础。经过长期努力，我国马铃薯品种选育取得了一系列重要成果。中国农业科学院牵头，于2011年绘制完成马铃薯基因组精细图谱，为实现马铃薯分子育种奠定了理论基础。同时，马铃薯生产配套栽培技术日趋成熟，集成了以农机为载体的双垄、覆膜、滴灌、水肥一体化等关键技术，形成了适宜不同区域的马铃薯高产高效节水技术模式，已在生产中发挥了显著的示范作用。

第四，马铃薯主食产品配方及加工工艺的新突破，为马铃薯主粮产品产业化开发提供了重要支撑。通过近几年的发展，国内已有多项马铃薯及薯类作物加工技术研究成果。目前，国家马铃薯主粮化项目组已经在产品研发与加工技术工艺创新方面，依照中国人消费习惯，设计开发出马铃薯原料占比为35%～60%的马铃薯主食产品300多款，为推进我国马铃薯主粮化工作做了重要的基础性研发。

三、以科学务实的态度，深入推进马铃薯主粮产品产业化开发

在我国即将进入全面建成小康社会后的新的历史时期，全面实施乡村振兴战略是农业领域的中心任务。深入推进马铃薯主粮产品产业化开发，要坚持以习近平新时代中国特色社会主义思想为指导，在认真总结五年来成功经验基础上，注重问题导向，继续围绕农业供给侧结构性改革的任务和乡村振兴的要求，牢固树立"营养指导消费、消费引导生产"的理念，依靠科技创新，积极培育小康社会主食文化，保障国家粮食安全，促进农业提质增效和绿色发展。在马铃薯主粮化推进过程中，要努力做到：

在发展思路上，树立"一个理念"，实现"五化并举"，即树立"营养指导消费、消费引导生产"的理念，实现马铃薯品种专用化、种植区域化、生产机械化、经营产业化、产品主食化，形成马铃薯与谷物协调发展的新格局。

在发展目标上，要坚持实事求是，研究并遵循马铃薯产业发展固有

规律，既不急于求成，又要持之以恒。通过不懈努力，使马铃薯的种植面积、单产水平、总产量和主粮化产品在马铃薯总消费量中的比重均有明显提高，努力使马铃薯主粮化产品成为人民群众主食选择之一。

在推进原则上，做到"一不三坚持"。即不与小麦、水稻、玉米三大主粮抢水争地，坚持主食化与综合利用相兼顾，政府引导与市场决定相结合，整体推进与重点突破相统一。

在工作措施上，重点是"六个强化"。**一是强化规划引导。**要力争出台一部好的规划，明确马铃薯主粮化的目标思路、技术路径、重点任务及保障措施。引导资金、技术、人才等要素向马铃薯产业集中，指导各地有序推进马铃薯主粮化。**二是强化马铃薯主粮化科技攻关。**组织马铃薯育种技术攻关，利用基因组编辑技术克服马铃薯自交不亲和，努力培育出可直接用于播种的马铃薯种子，解决薯块播种用种量大、储运成本高等要害问题，带动马铃薯生产方式革命性改变。加快选育一批优质、高产、抗逆、综合性状优良、适宜主粮化的专用品种。结合开展绿色增产模式攻关，在西北、西南、华北及长江中下游地区开展马铃薯主粮化试验示范，集成配套以全程机械化为主的高产高效技术模式，支持形成一批高产高效示范区。**三是强化马铃薯主粮化加工工艺改进和完善。**开展不同马铃薯品种的营养成分比较分析，研究最优的配比，开发最好的产品。重点攻关马铃薯全粉占50%的面条、馒头、米粉等配方及加工工艺流程，开展批量化中试示范。加快研发适宜马铃薯主粮化的加工机械。**四是强化马铃薯主食开发标准体系建设。**进一步完善马铃薯主食产品全粉添加量的检测方法，提高检测精准度，为规范化、标准化的技术体系提供支撑。加快制定相应的质量安全和行业标准，以加强对原料使用环节的有效监管，为主食产品品质评价提供依据。**五是强化马铃薯主粮化政策扶持。**有关部门要研究制定马铃薯主粮化的支持政策，加大投入力度，支持马铃薯主粮化工作有序推进。**六是强化马铃薯主粮消**

费的宣传引导。运用多种形式，宣传马铃薯主粮化的必然趋势、产品的营养价值和良好的经济社会生态效益，引导消费者选择马铃薯主粮化产品，扩大消费市场，让马铃薯逐渐成为百姓餐桌上的主食。

在中国历史上，稻谷、麦子、玉米的主粮化过程，长的经历了数千年，短的也有几百年，今天马铃薯的主粮化不过几年。由于这是一项极具挑战性的新课题，必将受到来自理念、技术、消费习惯等多方面的影响，在其发展过程中难免存在这样或那样的问题，对此我们要有历史的耐心。可喜的是，在实际成效面前，社会对推进马铃薯主粮化的认识越来越趋于一致，这是我们继续推进这项工作的深厚群众基础和巨大市场动力。现在我国即将全面建成小康社会，进入全面实施乡村振兴战略的关键时期，我们相信，在众多科学家的不懈努力和广大人民群众的积极推动下，马铃薯主粮产品的产业开发必将加快发展，在乡村振兴、健康中国建设的进程中，发挥应有的作用。

2020年6月

---

① 千卡，非法定计量单位，1千卡约等于4186千焦。
② 亩，非法定计量单位，1亩约等于667平方米。
③ 蒸腾系数，又称需水量，指植物合成1克干物质所蒸腾消耗的水分克数。蒸腾系数是一个无量纲数，系数值越大说明植物需水量越多，水分利用率越低。
④ 折粮后，指马铃薯总产量与单产均为按照5:1的折粮系数折算后的数据，即5斤鲜马铃薯折合1斤粮食。
⑤ 斤，非法定计量单位，1斤等于500克。

全球食物 中国主粮

马铃薯发展历程的回溯与展望

陈萌山

　　在人类历史的几个关键点上，马铃薯均参与其中，发挥重要作用。若没有南美洲马铃薯八千多年生生不息，催生当地农业发展，保障古印第安人的食物安全，灿烂的印加文明便可能与世界失之交臂；若不是开辟新世界的欧洲航海先驱带回马铃薯，欧洲就无法打破原生大陆人口喂养极限的魔咒，伟大的工业革命的火种或许没有可能燃起；若不是马铃薯在美国与新教伦理资本主义精神和单向度社会文化相遇，便不会有代表人们对现代化想象的、高效标准的西式快餐在全球星火燎原；若没能落脚中华大地，马铃薯只能暗暗羡慕在这片息壤沃土上肆意生长的麦、稷、稻与黍，而无法在正向健康、富足迈进的中国重要历史征程中扮演一个重要角色。

　　回看人类的历史，若马铃薯缺席，定是另外一番样貌。展望我们的未来，因马铃薯的给养，人类将会更加丰盈健康。本书以世界历史为背景，以健康中国语境下居民饮食健康营养均衡为主旨，穿梭于美洲、欧洲和亚洲，在不同的国家和制度空间里，在对比中互为参照，在论证中相与辨识，回溯马铃薯的发展历程，讨论马铃薯主粮化战略，展望马铃薯主食产业的前景。

因薯而生的南美印加文明

南美安第斯山脉高地，气候恶劣，环境严酷，高寒僻壤，物产匮乏，木薯不能良好生长，玉米很难正常结苞。为躲避猛兽袭击迁徙于此的印第安人，在这里发现了野生马铃薯，开创了人类驯化与食用马铃薯的先河，在世界粮食史上落笔成文。如同稷养活了中华大地上的初民而被奉为五谷之神一样，马铃薯是印第安人的生命之光，被亲切地称为巴巴司（Papas），即"生命的食物"。漫长的驯化与艰辛的培育过程中，印加人发明解龙葵素之毒的食用方法，培育出茄碱含量较低的食用品种，而且摸索出在不良环境中获得高产的马铃薯种植方法。印第安人从此摆脱食物匮乏的困境，并逐渐告别了采集和狩猎为生的游牧生活，开始了农业生产，进入居有定所的农耕社会。

马铃薯在印第安人的生活中扮演着重要角色。印第安人以烧熟一罐马铃薯所需的时间作为计时单位，用马铃薯创造各种艺术形象，绘制在陶器、农具等各种用品上。为了贮藏马铃薯，印第安人发明了食物冻干技术，将马铃薯清洗、冷冻，用脚踩踏挤出水分，再冷冻、晒干，做成丘纽（Chuno）。这种体积只有原来1/5的冻干食品，不但解决了水分多容易变质的问题，也便于长途运输和储存。丘纽可以保存数年甚至数十年不损失营养成分。储存马铃薯的工艺，使得印第安人的食物不但不再受季节的局限，而且可以应对天灾、战争等突发情况。凭借马铃薯强大的食物补给，印第安人厉兵秣马，于公元1000～1200年，在南美建立了强大的印加帝国，极盛时期，帝国版图一度扩大到几乎整个南美洲西部，人口达1000多万。以马铃薯和马铃薯制品丘纽为食的印加人，创造了美洲三大古文明[①]中最为灿烂的印加文明。

马铃薯是支撑起印加文明的主要农作物。在驯化和栽培马铃薯过程中，印第安人为扩大耕地面积，在坡上筑起层层梯田，并建立了灌溉系统，把山涧溪流引进渠道，创造了较高水平的农业文明。遵循自然逻辑，印第安人经过世代努力，创造出异乎寻常的成就——马铃薯的遗传多样性。他们在不同环境下培育出不同的马铃薯品种，安第斯补缀无序的马铃薯田，代表着对错综复杂的自然界秩序的适应，这种创造实际上能够承受大自然的千变万化。印第安人培育的多样化马铃薯品种，是赠予世界的一份无价的礼物，后人称之为"印第安古文明之花"。此外印第安人还培植出包括玉米、花生与藜麦在内的40多种农作物，古印第安人的主粮马铃薯与藜麦，至今仍是世界公认的健康食物。这些作物不仅丰富了印第安人的饮食生活，其中的一些带着舍我其谁的使命感、落土为家生根发芽的自信心和改变社会进程的宏大初心，传入其他大陆，养活了更多的人。印第安人在农业的基础上发展了畜牧业，成为当时美洲唯一饲养大牲畜的部族，创造出农畜互促共养的生产发展模式。他们饲养骆马和羊驼，这些动物的饲养不仅为人们提供了肉食和毛皮，还为农业生产提供了优质肥料和动力，促进了粮食产量的提高。世界上经常会有这样一种现象：一项技术的进步带动另一项技术的突破，进而促进文明的大步跃进。马铃薯种植技术显然就产生了这样的效应。凭借马铃薯的给养，印第安人进入农耕社会，创造了灿烂的文化，缔造了显赫的帝国，建立了伟大的印加文明，神秘的安第斯山区从此生机盎然。供养了伟大印加文明的马铃薯，"为食孤峭澄淡，居南美四千年，未尝入它地"。

因薯而荣的欧洲工业革命

　　15世纪末期，马铃薯登上哥伦布的商船，开始了艰难的"环球之旅"。西班牙征服者万万没有想到，在安第斯山脉遇见的这种看起来滑稽的块茎，会是他们从新世界带回去的最重要财富，它将改变人口分布，重塑发展格局，引发欧洲工业革命，把英国推向世界中心。

马铃薯漂洋过海来到欧洲后，首先是经历了一段艰难的气候环境适应时期。与原产地相比，欧洲夏季的日照时间很长，令初来乍到的马铃薯无所适从。温暖的夏季不能生长，而短暂的秋天后，又是冰霜肆虐的冬季。马铃薯在欧洲度过的头十年并不顺利，水土不服让它毫无成就。在经历了一段时间的选育和进化之后，才出现适应欧洲本地栽培环境的马铃薯品种。另一个影响马铃薯推广的障碍却极为可笑，马铃薯"畸形"的块茎使人们怀疑它是魔鬼的杰作，认为它会引发战争，带来结核病、梅毒和肥胖。然而，马铃薯以其极强的生命力、易于种植且高产的特性、方便烹煮及营养丰富等优点，最终完胜。在欧洲北部的沙质土壤中，相较于小麦、裸麦和燕麦，每公顷马铃薯能产生2～4倍卡路里[2]的生物量。此外，谷类作物需要10个月左右才能成熟，而马铃薯只需要3～4个月，节省了大量农业资源。

饥荒为马铃薯带来新的契机。1740年农作物歉收使普鲁士元气大伤，政府开始分发手册，指导如何种植马铃薯这种新作物，并免费发放种薯，鼓励百姓广泛种植。普鲁士的做法让邻国纷纷效仿，有的甚至暴力推广马铃薯。环境和时代给马铃薯制造了推广障碍，也赋予了它发展的机遇。1793年和1794年连续两年小麦歉收，饥饿的人们从此不再反对马铃薯。一时间，马铃薯被上流社会推崇，社会名流及官方媒体纷纷颂扬它，并推出马铃薯食谱。战乱是促进马铃薯大面积种植的另一个因素。饱受战乱侵袭的欧洲农民发现了马铃薯的另一个好处，那就是马铃薯"藏"在地下的生长方式可以躲过征税者的目光，口粮得以保存，这使得马铃薯在战争期间显得尤为重要。自1560年后一直到二战，欧洲的每一次战争都促进了马铃薯种植面积的增长。饥荒、战争以及政府的有力举措，为马铃薯登上历史舞台铺平了道路。马铃薯也不负众望，到18世纪末期，便因极高的投入产出回报被誉为土地所能生产的"最大幸福""农业的奇迹"和"最珍贵的根",成为当地的重要食材。19世纪初拿破仑战争爆发时,马铃薯已经成为欧洲的重要粮食储备。

来自异域的马铃薯,提高了引种地的食物供应量,重新定义了当地的饮食结构,取代自中世纪以来在广大欧洲民众中占主导地位的粥食。它帮助欧洲绕过了马尔萨斯预期的生态墙,实现人口倍增,打破了土地产能供养人口的极限。因为就每公顷土地所生产的粮食而言,马铃薯的产量远远高出欧洲本地主食作物小麦和裸麦。粮食的单位产量翻倍,提供充足的食物,增强人们抵抗疾病的能力,死亡率因此下降,出生率上升,人口快速增长。马铃薯易种广收的特点,提高了农业生产力,将更多的劳动者从种植业中解放出来,促使人们转入乡村制造业,并用其收入购买谷粮,推动城市化进程。因为马铃薯可以在小麦不能生长的土地上产出更多的粮食,爱尔兰人在最肥沃的田地上种植英国所需的小麦,只用一小块贫瘠的土地种植马铃薯自给自足。18世纪末,英国开始从爱尔兰进口更多食物,到19世纪40年代初,英格兰1/6的粮食来自爱尔兰的进口产品。马铃薯的存在意味着:即使农民继续种植小麦以供外销,当地仍有足够的粮食养活数倍的人口。爱尔兰人用吃马铃薯节省的小麦,为英国产业工人提供了面包,推动了最初数十年的英国工业革命。马铃薯带来的农业生产力提高,与因马铃薯而有的来自爱尔兰的小麦供应,支撑英国跨越门槛,进入新的工业时代。

欧洲土地上的马铃薯经历了三段历史进程:备受歧视、顽强生长、赠予勋章。一部马铃薯欧洲"安家"史,基本上是这三个进程迭代的过程,从受人歧视的穷人口粮,到支撑工业革命的能量,马铃薯在欧洲的大规模种植,为工业文明的进程提供了农业动力,为工业时代的劳工提供了廉价粮食,奠定了工业革命的基础,通过工业化推动经济发展的大潮,西方工业文明得以崛起,进而在社会转型、地缘竞争、军事冲突和经济扩张过程中重塑世界格局。

因薯而衰的爱尔兰农庄

一种作物，有时候会给不同的地方带来截然相反的命运，如果说马铃薯在欧洲的传播对工业革命来说是上帝的赐福，那么它对爱尔兰农业便是个诅咒。马铃薯初来乍到欧洲时，要找到一个落脚之地并不容易，而爱尔兰的政治、生态环境与人们的生存境况，于它而言再适宜不过了。在这个岛上，小麦几乎不能生长，其他谷类作物也长得不好，仅有的一点适于耕种的土地又被英国圆颅党抢走，马铃薯却能够不可思议地从爱尔兰既干旱少雨又严重水涝的土地上产出丰厚的粮食来，就像是上帝给饥寒交迫的爱尔兰人送来的礼物。爱尔兰人很快拥抱了马铃薯，让这种作物在旧世界里有了一个滩头阵地，在欧洲北部引人注目地蔓延开来。

在爱尔兰，佃户需要租用土地来种植，因此如果地主提高租金，农民就不得不用尽可能少的土地种出尽量多的食物。马铃薯就是这样的作物，因此得到了农民的高度重视。因为"没有哪种作物能比马铃薯的单位面积产量更高、种植起来更容易、而且更耐储存"。而且马铃薯所具有的营养价值是其他作物无法比拟的：除了维生素A和D之外，马铃薯几乎含有人体所需的所有重要维生素和矿物质，只要再加上一些乳制品，就可以构成一份健康的主食。因而对于17、18世纪的爱尔兰佃户来说，只要一英亩③马铃薯田和一头奶牛，便可满足一家6～8口人的营养所需。没有哪种谷物能够做到这一点。鉴于土地的租用制和稀缺性，生存迫使爱尔兰农民在大部分土地上持续数个世纪地种植马铃薯。马铃薯易种、高产、营养全面，结束了欧洲北部长期的营养不良症和周期性饥荒，从前种谷物的耕地如今可以养活更多的人口。再加上马铃薯种植需要的劳动力少，这就允许农村富余人口去支撑英国正在扩大的、工业化城市的建设。

历史如果在此止步，便一个欢喜的结局。可历史却执拗地向世人们证明福祸相依的哲理：被视为奇迹的事物，其背面往往就是万丈深渊。事实上，完全依赖马铃薯使得爱尔兰在面对大自然的不测风云时变得极为脆弱。1845—1848年，马铃薯枯萎病袭击欧洲，给爱尔兰人造成了严重的灾难。3年内，1/8的人口因饥饿而死亡，病疫跟着饥荒，幸存下来的人，由于缺乏原来马铃薯提供的热量与各种维生素，挣扎在饥饿、伤寒、霍乱和紫癜的肆虐中，饥病交加，饿殍遍地。还剩一点力气和余钱的人们移民美国。这场灾难使本就贫弱的爱尔兰元气大伤，10年的时间，爱尔兰人口锐减半数，乡村凋敝。这次饥荒为爱尔兰民族和国家日后的独立埋下了种子，对现代爱尔兰的建设也有着重要的影响。饥荒的冲击导致不同寻常的人口曲线，对灾难的集体记忆培养了现有的历史观与民族力量，生成散居各地的人口却保持密切联系，这一切均使得现代爱尔兰的民族气质不同于其他任何一个欧洲国家。

　　爱尔兰这场灾难的原因是复杂的，涉及到土地分配、英国人野蛮的经济剥夺、糟糕的救援工作、气候地理条件以及一系列偶然因素。但是，所有这些因素构成的那座"灾难大厦"，其根基是马铃薯的单一种植。爱尔兰人摄入的能量中，80%都是由马铃薯提供的，其他作物可谓寥寥无几。爱尔兰的食物品种如此单一，农业和食物对马铃薯依赖到那般程度，而且还几乎完全是依赖于一个马铃薯品种"卢姆伯"。再加上马铃薯的基因多样性也在长期的人工培育和连续种植的过程中逐渐丧失，很容易受病害侵袭。单一栽培是自然界的逻辑与经济的逻辑碰撞的焦点，爱尔兰的这场大灾难，是自然界的逻辑对经济逻辑投出的反对票。那是有史以来人们尝试过的单一栽培最大的试验，也是单一栽培之荒唐愚蠢的最有说服力的证据。因而可以认为，如果说马铃薯有什么黑历史的话，那就是单一化种植。

因薯而兴的美国快餐文化

马铃薯传入美国后，很快就成了美国人的主要食物。1866年美国农业部首次把马铃薯作为作物进行估测统计。在当时美国人的饮食结构里，就单一农产品而言，马铃薯仅次于小麦面粉，地位十分重要；马铃薯对美国的农场主更重要，每年提供几十亿美元的现金收益，占蔬菜总收益的1/5左右。随着科学技术在马铃薯食品加工中的运用，薯条、薯片加工产业兴起，马铃薯在国民经济中的地位进一步彰显，不仅是美国人餐桌上的主要食物，也成为美国重要的经济作物。薯条、薯片给马铃薯消费形式带来巨大改变，最显著的趋势是冷冻产品消费上升和鲜食马铃薯消费下降。薯片、薯条等食品加工业连同它们支撑起来的美国快餐业，每年为美国贡献数十亿美元的税收。

20世纪，美国在二战中的胜利推动了国内经济迅猛发展，人们的工作和生活节奏加快，工作机会大幅增多，双职工家庭迅速增加，对速度和效率的崇尚，为便捷又能快速提供热量的西式快餐提供了发展空间。20世纪50年代，美国现代快餐业步入高速发展的轨道，随着麦当劳等快餐集团海外市场的拓展，油炸薯条、薯片代表着人们对现代化的憧憬，裹挟着美国的生活方式与价值观，迅速成为最时尚、最流行的食物，风靡全球，并影响至深。如今在大众眼里，"薯片与薯条"已经与硅谷的"芯片"、好莱坞的"大片"一样成为美国文化的标志。麦当劳式西方快餐，呈现出一种全球移动的景观，促使油炸薯条和薯片加速成为一种特殊的全球性的消费品，并且开始具有了零食的功能，成为全球各种快餐店与便利店最基本的零食配备，充斥着从繁华商业区的快餐店到浪漫电影院里的专属柜台，也使马铃薯完成了一次华丽的转身，实现了从以往朴素的烤煮土肥圆到如今黄灿灿、细长矩形或圆形薄片的转身。马铃薯作为提供基本营养的食物的形象也随之发生改变，成为西方文化的一部分。

西式快餐最为称道的是它的高效和标准。这种高效与标准化是新教伦理资本主义精神与美国社会单向度文化相遇的结果。资本的逻辑是用最少的成本实现最大收益，在这样的意识体系中，食物与人的关系被异化为设法用最便宜的食物提供尽量多的热能，以便产出更多的劳动，实现资本积累。油炸烹制的西式快餐价格低，热量高，完美地迎合了"食物—能量—生产"的三角关系，消费和生产统一在资本主义的发展中，马铃薯成为资本增值的动力。标准化是通过将复杂事物的个性化和多样性压缩提炼，简化管理，实现控制，提高效率，其底色是单向度文化。标准化指向单一性，为达到标准化，西式快餐的代表——炸薯条必定要仰赖一个标准品种，这就需要标准的单一种植来支撑，为炸薯条而培育出的马铃薯品种——麻皮波尔班克在美国压倒性地普遍种植，是农业环节为资本主义大系统做出的适应、调节和贡献。西式快餐的标准化追求，培养了单一性农业栽培，这两者复杂地缠绕在一起，相互滋养，成为其背后天文数字般商业利润的支撑。有趣的是，商业是一个迷信奇迹的领域，爱尔兰农业曾经遭受的重创，并不足以让这个圈子里的人们开始重新思考因种植单一品种所带来的各种效应。

一种食物要成为传入国家和地区饮食体系的有机组成部分，在饮食文化层面，也要接受一个"文化融合"（culture fusion）过程，进行本土化改造。饮食的文化融合在可观察层面大致包括两方面内容，一是有特色的烹饪技艺，二是商业化的推广。西式快餐是美国的油炸烹饪饮食文化与连锁加盟商业文化相互融合而成的马铃薯饮食模式。在过去短短的几十年间，全球饮食西化趋势相当严重，带来营养与健康方面一系列问题，如肥胖症已经成为影响健康的主要因素之一。西式快餐是否营养健康成为人们讨论的焦点。大量研究结果表明，西式快餐中的营养素含量并不合理，维生素和微量元素等对人体有益的营养素远远不足；而胆固醇、油脂和油炸所产生的对人体有害物质的含量却相当高。西式快餐对健康的冲击，促使人们开始从更广大的视角反思它的营养特征与适应性范围。

因薯而昌的东方神明

马铃薯约在明朝万历年间进入中国，彼时中国的沃土良田上生长着麦、黍、稷、稻等传统作物。"新客"马铃薯没有选择富庶之地，它落脚西北、西南，坡地、沟渠，与干旱贫瘠的土地为伴，在天灾人祸、歉收战乱时成为贫苦百姓的救命粮。没有小麦稻谷的生活是苦难的，而没有马铃薯，生活便难以为继，"及时挖来煮作粮，家人妇子充饥肠"便是写照。

如同在欧洲一样，马铃薯不但救荒于灾年，还促进了中国人口数量的猛增。马铃薯传入后200多年时间里，中国人口从1亿增长到4.3亿。当时正值人口爆炸时期，东南沿海过剩的人口逐渐西移，开发了长江流域腹地的丘陵之后，便集中向湖北西南部山区，自陕甘边境往东以南整个汉水流域的山区，以及四川盆地边缘的山区迁徙。深谷幽地，开山辟壤，生存很大程度上要依赖马铃薯的种植，因为在粮食作物中只有马铃薯才可以征服贫瘠苦寒的高山地带。18~19世纪，这些地区的马铃薯不断替代较低产量的小米、黍子、高粱等本土作物。中华人民共和国成立以后，在灌溉水利设施的助推下，马铃薯的种植面积快速增加，东北和北方边疆的省区甚至几近饱和。马铃薯来华400余年，星火燎原，以顽强的耐力对抗着沙地、瘠壤、灌溉不便的丘陵，甚至高寒山区。山原旷其盈视，川泽纡其骇瞩，栽种遍野，农民之食，全恃此矣。开疆拓土的过程中，智慧勤劳的中国人根据各地不同气候和地理环境，改良驯化出多个从60天左右到130多天不同生育期的早、中、晚熟品种，这不但增加产量，而且因生育期不同而提高了复种与间作指数，弥补谷物淡季的缺口，在有限的耕地上产出更多的粮食，大大缓解了超负荷人口带给土地的压力。

21世纪以来，我国马铃薯播种面积稳定在7000万亩以上，遍布除海南省之外的各个省（自治区、直辖市），形成了北方一季作区、中原二季作区、西南混作区和南方冬作区等马铃薯主产区，鲜薯年产量逼近1亿吨，作为老少皆宜的食物，给予人们鲜食菜用、地方特色食品加工。著名农业史学家何炳棣先生认为，在中国粮食史上曾经有过两个长期的革命，一是较耐旱、较早熟的占城稻在江淮以南逐步推广；其二便是马铃薯的传入传播，它对我国农业生产的积累影响至今仍未停止。马铃薯对中国土地的开发利用、人口增长及社会发展、国民饮食营养的丰富平衡起到了重要作用。

　　在粮食紧缺年代，马铃薯作为救命粮惠民功大。今天，在全面建成小康社会的新时代，马铃薯将为改善居民的营养健康状况再立新功。马铃薯之所以能发荣滋长，除了容易种植、高产和易于储存之外，更引人注目的是它相当优秀的营养价值。在现代营养科学诞生之前，人们还不知道维生素、蛋白质和矿物质等营养成分，但他们凭借漫长生活中积累的纯朴经验发现，"那些吃马铃薯的人比别人长得高且更健壮，体力也更强"。身体健康、数量众多的人口对一个国家的经济发展和军事力量至关重要，政府需要对人民食物中的营养成分进行管理，这使得引导种植并食用马铃薯成为国家自上而下的制度安排。现代科学揭开了"超级食物"马铃薯的神秘面纱，它详细的营养成分为大众知晓。如今，人们业已知道，新鲜马铃薯水分含量约八成，干物质中淀粉含量占60%～80%，脂肪含量低；含有多种维生素和微量元素以及大量的膳食纤维；200克马铃薯可以提供成人每日所需维生素C推荐量的40%左右。

　　如果说人类社会的发展，是不断冲破愚昧、披荆斩棘拥抱科学的过程，那么，马铃薯的广泛传播历史，就是人们不断破除偏见，认识其营养价值和种植效益的过程，是马铃薯从杂草中"走出"，屹立在全世界重要农作物之林的过程。如今，人们"安身立命"的温饱问题已经解决，食物营养的谜底也被揭晓，新问题也随着新需求一同涌来——营养均衡、健康膳食正成为粮食安全背景下的新挑战。马铃薯再度焕发生机，勇挑第四大主粮重任，踏上升级中国居民膳食结构的新征程。

因薯而康的中国主粮

随着中国小康社会的全面建成，人们的健康观念也发生了新变化，对营养食物的认识也有了改变，不再追求红油赤酱的高热量，而是更关注营养全面均衡。大鱼大肉的厚油重补膳食模式，与各种快餐的高脂高能饮食在人类健康方面存在着致命的缺陷，造成了能量过剩的肥胖症与营养不平衡导致的隐形饥饿，既惩罚着当事人也威胁着社会人口结构，影响社会发展。食物与健康的关系亟须重新界定，营养应成为思考新时代饮食思维的一个核心关注点，未来的健康主要靠食养和预防，并由此展开对健康膳食模式的重新设计，实现治病到养生的转变，从而提高身体的自愈力、免疫力，提升健康资本。顺应营养转型下中国居民饮食结构变革的需要，政府和科学家开启了探寻食用营养均衡、生产效益显著、种植生态友好的食物，放眼各种作物，多样主粮，马铃薯再度进入政府和科学家的视野。

从营养来看，马铃薯是自然界的高超"炼金术士"，是将水、土和阳光改造为一系列珍贵物质的专家，它那鼓鼓囊囊的腹肚，似乎在向人们展示着它富足的营养。马铃薯营养成分全面，除碳水化合物外，还含有优质蛋白、种类众多的矿物质和传统主粮所缺乏的赖氨酸、色氨酸及丰富的维生素和微量元素。马铃薯块茎中兼有直链和支链两种化学结构的淀粉，包含粮食、蔬菜、水果中的主要营养，花色马铃薯中还富含花青素、多酚等强抗氧化剂。马铃薯的蛋白质含量一般为1.6%～2.1%，蛋白质量与动物蛋白接近，可与鸡蛋媲美，属多糖蛋白混合物，能预防心血管系统的脂肪沉积，阻止动脉粥样硬化，经常食用对高血压、冠心病、动脉硬化和脂肪肝的过早发生起到防治作用；富含18种氨基酸，其中赖氨酸的含量高于小麦和稻米，这些氨基酸易于消化吸收，是一种非常优质的食物。马铃薯还具有低脂低热高膳食纤维的特点，脂肪含量仅0.1%～1.1%，热量仅为大米及小麦面粉的1/5左右。膳食纤维含量高于大米和小麦面粉，可促进肠道蠕动，促进排泄，减少肠道对致癌物质的吸收，从而达到预防肠癌的发生。马铃薯中还含有传统主粮大米和小麦面粉所没有的维生素C以及胡萝卜素，其中维生素C含量是苹果的7倍，具有抗氧化功能，可预防坏血病；与大米、小麦面粉相比，马铃薯还具有微量元素多的特点，其钾含量高于香蕉，能够降低中风患病率。因此，马铃薯被誉为"十全十美的食物""丰富的根"与"地下苹果"。种植效益上，马铃薯不与小麦、稻谷、玉米争地争肥争水，在旱区、地下水漏斗区仍能保证每公顷15000～45000千克的产量，令小麦、玉米、水稻等传统主粮作物望尘莫及，充分显示了应对缺水的抗旱能力和在旱区固土固绿的生态作用。

处仓廪可保障粮食之安全，行田垄能保证民生之效益，居餐钵方利好百姓之健康。从不哗众取宠的马铃薯带给人们更多的是营养健康效益等诸多实惠。2015年1月，在多方证据有力支撑的基础上，农业部提出试点示范实施马铃薯主粮化战略。马铃薯主粮化，是芒鞋踏破岭头云之后的蓦然回首，是百转千回试验和论证之后的坚持。

2015年6月，在国家高度重视下，中国农业科学院统筹谋划，组织数十家科研单位、若干家龙头企业、百余名骨干专家，协同开展"马铃薯主粮化关键技术体系研究与示范"，落地马铃薯主粮化战略，拉开了将马铃薯与"水火相憎，鼎鬲在其间，五味以和"的中国传统蒸煮文化相融合的马铃薯主食产业开发大幕。中式马铃薯主食有别于西方以烤炙和煎炸为主的快餐文化，对食物营养的保持具有更高的兼容并蓄性，也更适合中国人肠胃的消化与吸收。说它怎么香美并不见得，但自有独特的质朴清新之味与营养平衡之本，与油厚热重的西式快餐是相别的一路。客观地说，推进中国马铃薯主食化，可能成为中国居民从人均食物热量逐年攀升转为渐趋平衡的一个有力推手，是饮食升级转型革命的重要象征。

经过5年的联合协作攻关，项目取得了丰硕成果。筛选出30个马铃薯主粮化适宜品种并明确适宜加工主食标签，新育成1个马铃薯主粮化专用品种、3个专用品系，确定基因编辑的靶标基因，敲除了1个氧化褐变的关键基因，获得抗褐变新种质；攻克技术瓶颈研制出3大类60余种300多款35%～60%不同占比的马铃薯主食；确定了25个马铃薯主食产品最佳配方、22个家庭烹饪方法、25套加工工艺；研制出马铃薯馒头专用整型机1台、小型马铃薯面条机1台、一体化仿生擀面机1台；建设批处理3吨马铃薯烘干房20台套；制定20余项马铃薯主食加工技术标准和操作规程；建立马铃薯主食示范生产线16条。

"一只白鸽要飞越过多少片大海，才能在沙滩上得到安眠？"马铃薯经历了几万里的跋涉，在中国大地上觅得生长之息壤；马铃薯主食，经过多少的淬炼，正在成为新时代中国人的健康主食。5年的项目推动和全国9省7市示范，边研究、边转化，得到了全社会的回应，结合以水为介质的蒸煮文化，一方面尊重地方饮食传统，对马铃薯主食进行本土化改造，开发研制出马铃薯面条、马铃薯馒头等传统大众型主食；马铃薯馕、马铃薯米线、马铃薯列巴等适合不同地区人们膳食习惯的地域特色型主食；以及马铃薯面包、马铃薯奶饼、薯条等休闲特色产品。另一方面，马铃薯主粮化项目的推动充分尊重大自然的多样性，为每一个地区，甚至每一种主食均筛选培育出了适宜的品种。没有前人设定的原则框架，仅凭着开拓者的胆识和勇气，遵循自然逻辑的作物多样化原则，践行健康逻辑的食物本土化改造，既有对传统的承袭，也有新变迁的探索。马铃薯这种外来作物在中国人民的健康饮食结构中、在中国农业生态永续发展中，正焕发出新的生命力。人们追求营养健康的纯朴梦想，在这里正处于繁华似锦的实现阶段。

当我们品尝薯香浓郁的马铃薯馒头时，当我们吞咽清热解寒的马铃薯面条时，当我们咀嚼面脆油香的马铃薯馕时，当我们端起那一碗翠色横陈银丝乱的马铃薯米线时，当我们取食织手搓来玉色匀、碧油煎出嫩黄深的马铃薯点心时，应该感谢那些勇于提出马铃薯主粮化、推进马铃薯主食产业发展，研发出异彩纷呈马铃薯主食的英雄们，正是他们的开创之功，为我们掘开了一个丰沛的、健康的营养膳食宝藏，引导新时代人与食物的关系回归"食物—营养—健康"的应然模式。

"九万里风鹏正举。风休住，蓬舟吹取三山去。"一个研究项目终将结束，但对马铃薯主粮化发展之路的探索和对马铃薯主食产业的推进，像乘风展翅的大鹏一样，正高蹈飞翔，康泽后世。

2020年3月

---

① 美洲三大古文明：玛雅文明、印加文明与阿兹特克文明。
② 卡路里，简称卡，非法定计量单位，1卡路里约等于4.186焦耳。
③ 英亩，英美制面积单位，非法定计量单位，1英亩约等于4046.856平方米。

CONTENTS　目录

Potato

3

出身名门气质天成
马铃薯肖像

Potato
4

亦蔬亦粮多面食材
马铃薯的丰富『内涵』

星星之火可以燎原

马铃薯的起源

在南美洲西岸，屹立着一座绵延的山脉纵贯南美大陆，素有『南美洲脊梁』之称，它就是安第斯山脉。安第斯山脉土壤贫瘠，水资源不足，气候恶劣，农作物大多产量相当低。然而，在这样严苛的自然环境中，却生长着一种坚韧的植物帮人们度过难关，它就是俗称土豆的马铃薯。

在南美洲西岸，屹立着一座绵延8900余公里的绵长山脉，它北起巴拿马，南至智利南段，纵贯南美大陆，这就是素有"南美洲脊梁"之称的安第斯山脉。因地理条件影响，安第斯山脉受风雨侵蚀严重，土壤贫瘠，水资源供给不足，气候恶劣，农作物产量相当低，食物供给非常有限。

然而，在这样严苛的自然环境中，却生长着一种谦逊而坚韧的植物，它们把饱含着营养物质的块茎低调地埋藏在地下，为不期而至的恶劣条件做好准备，这就是俗称土豆的马铃薯。8000多年前，南美洲的印第安人就对其青睐有加。他们通过长期择优种植，把食用口感较好的马铃薯野生品种栽培驯化成可食用的农作物，然后进行种植，不仅开启人类食用马铃薯的先河，而且开启了人类种植马铃薯的历史。慢慢地马铃薯成为印第安人的主要食物，并被亲切地称为"巴巴司"（papas，意为生命的食物）。第一批踏上秘鲁土地的探险家们就发现，当地的印第安人以一种被称作"papa"的神奇"地下果实"为食，这种果实煮熟后会变软，吃起来如同熟栗子一般。这就是马铃薯。

今天，在大街小巷的菜市场里，在千家万户的餐桌上，马铃薯的身影随处可见，并不起眼，但是对于一种食物来说，寻常可见就是对其价值的最大褒奖。

马铃薯的优点很多，产量高、营养价值优、适应性强、抗灾能力强、烹调搭配随意、口感气味平和。看到马铃薯有这么多优点，您一定以为它走上人们的日常餐桌是顺理成章之事。然而，事实并非如此。马铃薯自16世纪进入欧洲以后，历经几个世纪的曲折，才在全世界广泛传播开来，其中发生了很多传奇故事，是其他任何农作物所没有的。

1 安第斯山里的馈赠

　　山药蛋、土豆、洋芋……身为全球第四大重要的主粮作物，马铃薯在中国的绰号可真不少。尽管我们中国人给马铃薯起了这么多亲切的小名儿，马铃薯却不是中国的原产作物，而是地地道道的"外来户"。

　　在植物分类学上，马铃薯的家族十分庞大。它隶属茄科茄属，而茄属植物共有2000多个种，我们常见常吃的茄子、辣椒都属其中。但是，真正与马铃薯类似，能够生长块茎并能进行无性繁殖的茄科茄属植物只有160多种。马铃薯是何许作物呢？

　　若想探寻某一物种的起源地，就要对不同地区该种生物的多样性进行比较。一般来讲，该种生物多样性最为丰富的地区往往就是其起源中心。

　　全球马铃薯生物多样性最丰富的地区，在南美的安第斯山脉。

染色体证明马铃薯起源于南美洲

　　从另一个角度，科学家通过分析马铃薯染色体的倍数情况，也清晰地展现出马铃薯在起源地所具有的生物多样性。我们知道，有性生殖的高等动植物，子代是从受精卵开始发育的。受精卵中的染色体，一半来自父亲的精子，一半来自母亲的卵子。来自"父亲"和"母亲"的染色体结合在一起后，受精卵中染色体成为了一套两份，也就是通常所说的二倍体。在染色体这个问题上，植物可不是规规矩矩的，它们搞了一些特殊化，染色体不再局限于一套两份，而是成套地加倍，在生物学上，带有这样染色体特征的个体叫作多倍体。

　　在植物中，多倍体的出现往往是新物种形成的途径；而在动物中，多倍体动物则难以存活。因此，多倍体现象在动物界极少发生，在植物界却屡见不鲜。被子植物中约40%都是多倍体植物，如小麦、燕麦、棉花、烟草、甘蔗、香蕉、苹果、梨、水仙等。

　　马铃薯属于多倍体作物，染色体基数$n=12$，有二倍体、三倍体、四倍体，五倍体和六倍体。根据专家的研究，在所有能结块茎的种中约有74%为二倍体，四倍体占11.5%，其他倍性的种所占的比例很少。其中二倍体种中

包括绝大多数的原始栽培种和野生种。在南美洲和英国西南部，分布着很多野生马铃薯种类，在染色体倍数方面的生物多样性远超其他地区，这可以看作马铃薯起源于南美洲，被欧洲殖民者在16世纪带到欧洲后，在英国作为主要繁育中心的一个证据。

去古代的的的喀喀湖寻找马铃薯

假如能穿越时空，回到8000年前的南美洲，千奇百怪的马铃薯一定会让你大开眼界：不是所有的土豆都长成让你一眼认出的样子。

过去，考古学家们在南美洲发现了若干座公元前6000～12000年的人类村落遗址，据此考证，至少在1.4万年以前，在南美洲就生长有野生马铃薯，而种植马铃薯则可追溯到8000年以前。那时，居住在安第斯山脉的南美印第安人——印加人开始了马铃薯的驯化工作。当时的野生马铃薯品种丰富，外观多样，有的是蓝色，有的是粉红色，有的是黄色，有的是橘色，有的"皮肤"光滑如婴儿肌肤，也有的外皮粗糙呈黄褐色，像常年劳作老年人的手掌皮肤。由于安第斯山脉不同区域的局部气候有所不同，这些马铃薯的生长期、生活习性以及代谢特征都出现了明显的差异：生长期有短的，也有长的；有耐旱的，也有喜水的；有富含淀粉适合煮着吃炖着吃的，也有清脆如水果适合做土豆丝儿土豆片儿的。据科学家估计，那时的安第斯山脉大约有3000多个马铃薯品种。

考古学家认为，马铃薯的起源地以秘鲁和玻利维亚交界处的的的喀喀湖盆地为中心区，并沿安第斯山麓向外辐射，今天南美洲的秘鲁、玻利维亚、厄瓜多尔、哥伦比亚、智利等国，都可以称为广义上的马铃薯故乡。的的喀喀湖也因此成为南美洲印第安人文化发源地之一，印第安人把它称为"圣湖"。迄今，在这个地区还有200多个古代印第安人驯化的马铃薯品种，同样，在中美洲墨西哥等地，甚至在马铃薯进入欧洲的落脚地英国西南部，也分布着很多野生的马铃薯品种。

雄伟壮观的安第斯山脉是马铃薯的多样性中心。

早在8000年之前，古老的印加人在这里驯化野生马铃薯，给予世界一份无价的珍贵礼物。

今年马铃薯又能丰收啦！

每到收获时节，人们都兴高采烈。

看，我手里的马铃薯好大呀！

据不完全统计，当时人类种植的马铃薯有3000多种，颜色、大小都各不相同。

由于马铃薯种类多，口感不同，我们才能吃上不同做法的马铃薯食物。

这种土豆比较面，很适合和肉炖在一起。

我这种比较脆，就应该换一种做法了。

２ 印第安人的巴巴司

秘鲁印加古国的印第安人对于马铃薯充满了虔诚和敬意，当成图腾崇拜。在他们的眼中，马铃薯是有灵魂的圣物，是"丰收之神""生长之母"，他们尊称马铃薯为"巴巴司"。每到丰收时节，人们会不约而同地聚在一起，举办"巴巴司"丰收晚会或盛大游行。

印第安人与马铃薯的渊源，要早于玉米。距今5000多年前，南美洲的印第安人才尝试驯化玉米，而在距今7000多年前，安第斯山脉的印第安人已经开始了野生马铃薯的驯化。

因为原始农业的出现，原始人类为了守护庄稼，纷纷开始了村庄式的定居生活，这一点从部落村庄遗址已得到验证，由此进入了新石器时代，这标志着人类文明的开始。

关于印第安人种植马铃薯的起源，也有一个有趣的说法。当印第安人挖掘野生马铃薯的块茎时，也疏松了马铃薯生长的土地，而疏松的土壤无疑会使野生马铃薯生长得更加茂盛。正是这种无意识行为，拉开了农业种植马铃薯的序幕。而随着马铃薯"无性繁殖"的属性被揭开神秘的面纱，印第安人结束了采集果实、追逐猎物的生活，转变成为第一代农民。马铃薯也成为他们日常生活必不可少的食物。

随着印第安人的马铃薯种植技术日趋成熟，约在公元前500年，的的喀喀湖流域的印第安人发明了"台田"技术。这是一种特殊耕作现象，堆土成台，在上面耕作，被广泛应用于盐碱地区，挖沟为渠堆土耕种，盐碱逐渐下渗而变为良田，沟渠也可放养水生生物，是人类适应大自然的产物。这项特殊的耕作技术极大地改善了当地山区的种植环境，促使马铃薯产量大大提高。

３ 一个古印第安人的美丽传说

在安第斯山区，一直流传着一个古印第安人和马铃薯的传奇故事。

大家把种子种下去。慢慢地，田里开满了好看的花。

可是，花谢后，大家并没有找到果实……

可是，他们只挖出来一些土块似的"果实"。

人们尝试把马铃薯煮着吃，没想到竟然尝到美味。

7000多年前，一支印第安部落从气候温润、食物丰盛的亚马孙沿岸地区迁徙到了海拔3000多米、气候寒冷、土地贫瘠的安第斯山脉。由常理判断，人们总愿意向生存条件优越的地方迁徙，这些印第安人为什么反其道而行之呢？

故事里说，这些印第安人是一支战败的队伍，被他们的敌人发配到了贫瘠苦寒的高山上。征服者抢走了战败者全部的食物，让他们自生自灭。

这支落魄的印第安人不甘心自我放弃，他们向上苍祈祷，果然得到了一袋"石头"样的种子。这些印第安人满怀着收获的希望播种，之后漫山遍野绽放了美丽的白色花朵。花谢了，得到的果实却不能食用，这些印第安人彻底绝望了。

就在这时，上苍说："我给你们的食物，如果它在地上，将被你们的敌人抢去。所以我把它藏在了地下。"印第安人迫不及待地扒开地表土石，果然找到了一个个圆滚滚的"大土疙瘩"——马铃薯。印加人尊奉它为"丰收之神"。

这个故事有几个值得思考之处。

首先，野生马铃薯的生存使命并不是作为人类的食物，它们在地下的块茎中存储营养物质只是为了帮助自身度过严苛的冬天。为了防止块茎被野生动物们吃掉，它把自己埋入土里，而且长成石头土块的样子来掩动物耳目。同时，为了保护自己，马铃薯还自带防御机制，那就是块茎中的龙葵素。龙葵素又叫马铃薯毒素，是一种有毒的糖苷生物碱，也存在龙葵、生茄子与青番茄等茄科植物中。食用过量的龙葵素会中毒，出现口腔及咽喉部瘙痒，上腹部疼痛，并有恶心、呕吐、腹泻等症状。症状较轻者，经过一两个小时可自愈。中毒严重者，则会发烧、呕吐、脱水、血压下降，极少数人还会因呼吸麻痹而死亡。龙葵素之于马铃薯的保护作用，正如刺对玫瑰一样，只有过量才能有所效果。而且随着物种进化的选择和育种技术的提高，现在人们食用的马铃薯品种的龙葵素含量已经很低了。加之人们认识的发展，已经了解龙葵素主要分布在马铃薯的表皮，所以我们吃马铃薯时都会去皮。

4 马铃薯与印加文明

安第斯山脉的物产并不丰富，马铃薯的驯化成功对于印第安人来说，简直就是上天的礼物。他们亲切地称呼马铃薯为巴巴司，即"生命的食品"，并成为古代印第安人艺术创作的主要元素。在秘鲁的印度安古墓中，人们发现了大量绘有马铃薯图案的陶器，还象征性地画上了马铃薯块茎的芽眼，他们还把马铃薯拟人化，尊奉为"丰收之神"。

虔诚祭祀土豆神

马铃薯在古代南美洲印第安人的生活中意义非凡，他们用烤熟一只土豆所需的时间作为计时单位。如果某一年马铃薯歉收，古代印第安人就会为自己怠慢了"土豆神"而自责。这个时候，妇女用马铃薯的茎叶花朵把自己装扮得花枝招展，儿童拿着马铃薯跳起舞蹈，部落要举办盛大的祭祀来完成自身的救赎。不过说起来，当时的祭祀十分残忍，不仅要杀牲口，还要杀掉童男童女，大概到了15世纪或者16世纪，杀人的习俗才消失。

粮食、商品、供品

战时，古印第安人出征打仗，士兵身上都背着一个大木桶，木桶里装满了土豆粉，饿的时候，就用土豆粉煮汤。不打仗的时候，古印第安人还能把土豆粉掺上盐和辣椒，加水混合摊成土豆饼，放在石头上烤熟。

马铃薯是古代印第安人商业贸易的主要商品，也是古代印第安人祭祀祖先必不可少的供品之一。

可以说，马铃薯和玉米、甘薯一起直接供养了伟大的印加文明，马铃薯更是与玉米合称为"并蒂开放的印第安古文明之花"。

印第安有薯初长成，养在安第斯山人不知。那么，您一定很好奇，马铃薯是如何从南美洲的大山中漂洋过海，走向世界的呢？

那么最初，印第安人是如何避免马铃薯中的龙葵素中毒的呢？

　　龙葵素有几个特性，一是可溶于水，二是与醋酸混合加热后可被破坏。请大家回忆一下，土豆丝怎么炒才脆生生的最好吃呢？首先是将切好的土豆丝泡水，然后加醋爆炒，对吧？这就是蕴藏在中国家常菜里的食品安全智慧。不过，古印第安人可没有这些化学知识，他们只能不断地试错，在试错过程中，总有一些人不幸地牺牲了健康甚至付出了生命。

　　那么，古代印第安人是怎么吃土豆的？

　　安第斯山脉海拔高，昼夜温差大。这让印第安人找到了化解马铃薯中龙葵素的好办法。

　　他们将收获后的土豆，在雪地里先冻上5天。我们知道，水结冰后体积会膨胀。在这5天时间里，马铃薯里面的水分膨胀，细胞胀裂，细胞里的龙葵素就会释放出来。之后，印第安人把冻过的马铃薯放到水里浸泡1个月，将龙葵素溶解在水中。之后，印第安人将去除了龙葵素的马铃薯摊开晒干，变成白色的马铃薯干，称之为朱诺；如果将马铃薯直接在雪地里冻5天后，直接拿来晒干，经过白天的暴晒和夜晚的冷冻，龙葵素被破坏后，得到黑色的马铃薯干，则叫做杜塔。这两种薯干都能够长期保存。之后，他们再用石头把土豆干砸成土豆粉，作为储备粮食，可以保存10年之久而不腐坏。

2

马铃薯的传播

千里东风一路遥

马铃薯在被发现和驯化之后的数千年里，始终鲜为人知。时间进入15世纪末期，随着哥伦布『新大陆』的发现，马铃薯也随着新航线的延伸与帝国殖民地的开辟被带到世界各地，造福世人。

作为印第安人的天赐圣物，马铃薯在被发现和驯化之后的数千年里，由于受到当时社会的发展与远程交通工具的限制，始终安静成长在壮美的南美大地，鲜为人知。时间进入到15世纪末期，随着哥伦布"新大陆"的发现，马铃薯也迎来了"环球旅行"的机会。随着新航线的延伸与帝国殖民地的开辟，马铃薯被带到世界各地，造福世人。

有关马铃薯的世界传播，史学界认为存在以下两条路径：一路是由安第斯山起，从西班牙经中欧各国传向亚洲；另一路则由英国经爱尔兰传向英国的海外殖民地。由于地域、历史、文化等原因，马铃薯初到欧洲却"怀才不遇"，除爱尔兰外，西班牙、英国和法国都"不把土豆当干粮"。然而"好饭不怕晚"，历尽波折后，最终还是被人们所接受，并成为全球主要粮食作物。

正如美国知名环境史学家约翰·麦克尼尔所说："马铃薯曾经以剧烈的方式改变了世界历史。"它曾经"改造了欧洲"，也"填饱了爱尔兰人的肚子"。

1 马铃薯在大航海时代踏上离乡之路

作为南美洲的土著民族，很久以来印第安人一直独守着一方"世外桃源"，基本上不与地球上的其他大陆有沟通和交流。马铃薯、甘薯、玉米、羊驼，这些古印第安人历经数千年辛苦驯化过来的农作物和家畜，也一直"与世无争"地守望在美洲大陆，很少有探索新世界的"雅兴"。直至15～17世纪的大航海时代到来，才打破了这亘古以来的"岁月静好"。

大航海时代，又被称作探索时代、地理大发现，是指在15～17世纪主要由欧洲发起的广泛的跨洋探险活动，以及随后的地理学上重大突破。所谓的大发现，仅是欧洲人的发现，对于那些被发现的国家和地区而言，自古以来就在脚下的大地上生存繁衍。大航海时代虽然促进了地球上各大洲之间的沟通，并随之形成了众多新的贸易路线，然而对于那些"被发现"的国家和民族来说，却在欧洲殖民主义的魔爪下五味杂陈，甚至苦不堪言。

大航海时代，哥伦布等人率船队发现了新大陆——南美洲。

那些白花花的，是什么花？我之前没见过。

哥伦布登上新大陆，第一次尝到这种奇特的食物。

看着像石头一样，没想到吃起来如此美味……

真香，真香！

就这样，连同珠宝黄金一起，马铃薯也被抬上驶往欧洲的船只，开始了它们的新生涯。

　　1492年到1502年，受西班牙王室资助，意大利人克里斯托弗·哥伦布开始了向大西洋以西的四次航行，以寻找传说中盛产香料的东印度群岛。然而，第一次航行中，海风和洋流没有将他带到计划中的日本，却来到了巴哈马群岛。后来的三次航行中，哥伦布到达过大安的列斯群岛、小安的列斯群岛、加勒比海岸的委内瑞拉和中美洲，这就是哥伦布发现的"新大陆"。

　　事实上，第一个到达美洲的欧洲探险家是莱夫·埃里克松。然而，哥伦布的航海带来了第一次欧洲与美洲的持续接触。此后，西班牙、葡萄牙的殖民者纷纷涌入南美洲搜寻奇珍异宝，争夺殖民地。

　　1532年，西班牙的文盲冒险家、后来残忍地征服了秘鲁印加帝国的弗朗西斯科·皮萨罗带领着一小队西班牙殖民者首次抵达安第斯山地区。他们很快发现了一种奇异的圆形块茎，这种块茎像极了蘑菇，被当地印第安人视为珍宝，皮萨罗他们称之为"块菌"，这就是马铃薯。但皮萨罗他们是否试着品尝了马铃薯，我们不得而知。

　　不久后，一个叫佩德罗·阿尔瓦雷斯·卡布拉尔的葡萄牙探险者，在卡乌卡河上游地带以及今天称为厄瓜多尔的基托地区也发现了马铃薯。他在《秘鲁趣闻》一书中说："巴巴司——这是一种特异的落花生。当煮熟时，它渐渐变软，好像烤栗子。同时其上面有一层表皮，但不如块菌的厚。"

　　1536年，继哥伦布之后到达新大陆的西班牙探险队员卡斯特亚诺（Juan de Cas tellanos）在秘鲁的苏洛科达村附近同样发现了马铃薯。他在《格兰那达新王国史》一书中说："我们到达那里发现，印第安人种植了一种奇怪的植物，开着淡紫色的花，茎部结球，含有很多淀粉，味道极好。"显然这些后来的殖民者亲口品尝了马铃薯，感知了它的真实美味。

2 马铃薯在西班牙坐了冷板凳

　　随着西班牙、葡萄牙殖民者对安第斯山区的征服，马铃薯被殖民者作为一种"战利品"带回了欧洲。

　　装载有马铃薯的西班牙船队回国后，哥伦布曾把马铃薯作为礼品，献给了当时的西班牙女王伊莎贝拉。然而女王陛下对美洲的兴趣，显然都聚焦在金银财宝上，对"土里土气"的马铃薯则不屑一顾。马铃薯初次登陆欧洲就在西班牙"坐了冷板凳"。在西班牙，贵族们主要以面包为主食，马铃薯难以获得他们的青睐。而在底层的民众中，马铃薯却备受欢迎，很快成为老百姓的主要食物。在一些医院，病人吃完马铃薯后，身体健康状况似乎有所改善。当时，全球普遍性的粮食供给不足，饥饿引发的营养不良诱发了很多疾病，所以不难解释为何一些病人在食用了营养价值高且全面的马铃薯后，病情得以好转。

　　马铃薯在医疗上所展现出的小小奇迹，引起了西班牙哈布斯堡王朝国王菲力普二世（1527年5月21日—1598年9月13日）的些许兴趣。菲力普二世执政时期是西班牙历史上最强盛的时期。当他听闻远在意大利的罗马教皇庇护四世病入膏肓后，为了表现自己对教皇身体健康的高度重视，他不惜派遣使者跋山涉水送上可以强身健体的马铃薯，希望教皇借此神奇的"药物"恢复健康。然而他一心想种下玫瑰，却收获了一堆扎人的硬刺儿。

　　教皇显然不是闭目塞听的人，在欧洲各国都有耳目。当时马铃薯在西班牙贵族中获得的差评实在太多了，乃至教皇在看了"朋友圈"后，非但不感激菲力普二世的好意，甚至还将其看作是一种深深的侮辱，直接将马铃薯转手交给了当时的红衣主教，由其任意处置。

　　尽管贵族们不太喜欢马铃薯，但在1570年西班牙人在南美洲大规模掠夺基本结束后，殖民者们仍然恋恋不舍地把马铃薯大批运回西班牙。他们长期在美洲生活，当然知道马铃薯是个好东西。

哥伦布回到西班牙，献给伊丽莎白女王很多的金银珠宝。

哇，是什么呀？

女王，我还有一样宝贝献给您。

虽然没见过土豆，但光看它丑陋的外表，女王就从心底反感。

没什么可看的，先拿下去吧。

尽管不被女王喜欢，马铃薯依然迅速被贫民接受和喜爱。

因为马铃薯富含淀粉和多种营养物质，人们吃了不仅能充饥，还能增强免疫力。所以马铃薯也有强身健体的功效哦！

我第一次吃到这么美味的食物，感觉身体都有劲儿了。

听说罗马教皇病得很重，菲利普二世国王命人送一些马铃薯给他。

吃了马铃薯，说不定教皇就能好起来啦！

教皇早就听说西班牙的贵族讨厌马铃薯，简直要气疯了。

咳咳……菲利普二世这哪是送礼，这是送堵啊！

这就是贵族们对马铃薯的误解呀。

③ 英国的马铃薯在争议中不断发展

莎士比亚戏剧《哈姆雷特》中，有句著名的台词"生存还是死亡，这是个问题"。对英国人来说，"吃不吃马铃薯，同样是个问题"。甚至为此，英国社会曾经展开了一场大辩论。

大航海时代，欧洲主要国家你方唱罢我登场。英国后来居上，取代了西班牙海上霸权地位，号称日不落帝国。骄傲的英国人在对马铃薯的认识上，显然要表现出"独立思考"，不依靠西班牙人，且具有"先见之明"。

英国最早得到的马铃薯来自西班牙商船

1578年，英国人阿德米拉尔·德莱依克在智利海岸附近的穆哈岛发现了当地人将块茎作为主要食品的马铃薯植株。直到1595年左右，德莱依克才有机会将马铃薯带回英国。当时，德莱依克先将从加勒比海的西班牙商船上抢到的马铃薯装上他的船，之后，他又绕道美国东部大西洋沿岸，也就是美国最初的13州之一——弗吉尼亚州，从那里的罗诺克岛接回了生活穷苦的首批英国移民，将他们带回英国。船队的这次绕行给之后的研究造成了一些干扰，导致有些人一直怀疑英国马铃薯应该来自美国的弗吉尼亚，而不是来自中南美洲。但是撤侨事件事实清楚，至少间接地确认了马铃薯进入英国的时间。

两年后的1597年，英国植物学家杰罗尔德发表了他的马铃薯植物插图。从杰罗尔德的图中可以清楚地看到，数量较多的长匍匐茎，微裂的叶子，基部裂片不增大，侧裂片稍窄，花梗短，花冠浅裂，具有肥大的裂片、钝而肥大的瓣尖以及明显的网纹。这是英国人对马铃薯最早的研究成果。

最早的英国马铃薯"美食"是马铃薯叶子料理

马铃薯传入英国后，很长一段时间内，种植几乎处于停滞状态。一方面，英国人不了解马铃薯，没有掌握马铃薯的烹饪方法。据说，英国海军上将沃尔特·赖亲自种植马铃薯，成熟后，邀请友人一起品尝用马铃薯制作的菜品，令他尴尬的是，面对沃尔特·赖精心准备的马铃薯菜肴，众人纷纷表示难以下咽。原来，沃尔特·赖请客人们食用的是马铃薯的叶子而非块茎，也难怪众人蹙眉了。另一方面，刻板的英国人认为，马铃薯是对小麦和面包所营造的传统食物文明的破坏，将食用马铃薯上纲上线到文化侵略的高度。

小麦歉收迎来马铃薯的大转机，薯条和鱼肉开始流行

转机出现在1794年。当时，英伦诸岛小麦歉收，面包价格暴涨，食品短缺引发了社会骚乱。饥荒总要解决，矜持的英国人终于把目光投向了马铃薯。即使在此时，仍然有人"饿死事小，失节事大"，坚决抵制马铃薯。于是，对于要不要吃马铃薯，英国社会展开了一场大辩论。

倡导者认为，引进马铃薯作为主粮补充对于英国来说是一种实惠，是一种"当面包变得昂贵时养活人口的方法"。当时，颇具声望的英国农学家阿瑟·杨也宣称："马铃薯是'丰富之根'，可以保证英格兰人免受饥饿。"阿瑟·杨之所以提出这样的观点，是因为他看到了爱尔兰人从马铃薯种植中得到的实惠。

旷日持久的大辩论最终使人们对马铃薯有了更为深入的了解，特别是随着英国工业革命的到来，农业用地减少，食物消费增加，加上"薯条和鱼肉"等流行食物的消费拉动，英国人开始接受并喜爱马铃薯。

马铃薯传入英国后，很长一段时间内几乎无人问津。
海军上将沃尔特·赖亲自种植马铃薯。

马铃薯很好种植，大丰收呀！

沃尔特上将邀请朋友们来做客。

请大家品尝今天的特色菜！

大家都没吃过比这更难吃的菜了。

· · · · · ·

他们不知道马铃薯的茎才是可以食用的呀！

马铃薯有"毒"

每个马铃薯上都带"毒"，但这并不是影响人体健康的毒，而是影响叶片生长的毒——卷叶病毒、花叶病毒、Y病毒，等等。种在土壤中的马铃薯，经过蚜虫传播，会感染这些病毒，并在薯块内积累，次年再把它当种子，生长出的叶片就会大受影响，叶片是植物的"加工厂"，它通过光合作用供给块茎干物质和营养，叶片染病，就会影响块茎的产量和质量。

冷遇源自一场不懂科学的误会

当时的欧洲，温饱问题远未解决，为何雪中送炭的马铃薯却受到了冷遇和歧视，甚至被看作是魔鬼的化身，弃之不用呢？

这首先归因于当时欧洲普遍弥漫着的种族歧视，欧洲人将对印第安人的种族歧视也延续到了马铃薯上。在他们的心目中，印第安人是"原始人"，他们吃的食物，自视高人一等的欧洲人是不屑食用的。

事实上，马铃薯一些独特的生物学特性，确实也让少见多怪的欧洲人心惊肉跳。

吃叶子当然会身体难受——因为叶子中的龙葵素有毒！

食物怎么会像土疙瘩一样长在地下，这么土气的东西怎么可以入口？一些欧洲人依其常见常吃的小麦、蔬菜类推，想当然地把马铃薯的叶子和地上茎当作青菜食用，恰好马铃薯的茎叶中有毒的龙葵素含量比较高，吃完后身体很难受，他们因此认为马铃薯是有毒的。这进一步增强了欧洲人对马铃薯的抵抗与蔑视。

切开的马铃薯变黑——不过是氧化后的褐变

有人偶尔试着去尝一尝马铃薯的块茎，结果又被切开的马铃薯吓坏了！因为马铃薯放置一段时间后表面就会变出一层"黑霉"，这又是什么鬼？难道马铃薯是上帝派来的妖孽？今天的我们，都知道切开马铃薯变黑是一种正常现象，山药、莲藕，甚至苹果切开放在空气中都会发生这种现象。但是，在那个时代人们并没有认识到这是植物的氧化褐变反应。随着求实求真的科学探索，人们已经解开了这个"褐变之谜"。褐变有两种，一种是酶促褐变，另一种是非酶促褐变。马铃薯的褐变属于酶促褐变，刀切马铃薯时，马铃薯内部的细胞结构被破坏，原本存储在细胞内部的氧化酶、多酚类物质释放出来，和空气中的氧气"满怀激情"地相遇，发生了化学反应，在这场化学反应中，氧化酶大手一挥，把多酚类物质直接"改头换面"氧化成了醌。新生成的醌开始"抱团"，物以类聚的结果是在马铃薯表面产生黑色或褐色的色素沉淀，于是切好的马铃薯就变黑了！变黑的马铃薯能不能吃呢？这取决于醌到底是个什么东西。现代科学研究已经充分认识到，醌类化合物的生物活性是多方面的，具有止泻、抗菌、止血、扩张冠状动脉等作用，被广泛用在治疗冠心病、心肌梗死、驱虫、镇咳、平喘的药物中。所以，变黑的马铃薯，除了品相不好看外，是不影响食用的。

现在大家知道切好的马铃薯为什么要泡在水里了吧？因为影响酶促褐变的主要因素是温度、酸碱度（pH）、氧气等，把切开的马铃薯放入水中，隔离氧气，就可以避免马铃薯氧化变黑。

不过，当时的欧洲人可不知道这些！

吃发芽的马铃薯中毒——还是龙葵素惹的祸！

真正让欧洲人对马铃薯"敬而远之"的，是频繁发生的发芽马铃薯引发的中毒事件。这一起起的食物安全事故，背后的始作俑者，就是我们前面谈到的龙葵素。马铃薯发芽后，其幼芽和芽眼部分的龙葵碱含量激增，人食入后可引起中毒。当时的欧洲文献中就记录了不少这方面的事例。

欧洲马铃薯最初的种植原因——猪的热爱

在欧洲，马铃薯虽然在人类这里遭受了冷遇，却在猪那里受到了热烈欢迎。猪喜欢用鼻子拱开土壤，美食总是留给那些勤奋的猪，它们不辞辛苦地拱土，无意间碰到了埋在地下营养丰富的马铃薯块茎。发现马铃薯后，它们的吃货体验简直被这种新食物爽到了极致。于是马铃薯很快成为主要的猪饲料，得到了一定范围的种植。

王宫贵族对马铃薯态度的转变，主要是受了马铃薯花的吸引。作为茄科植物，马铃薯的花大而美丽，可与很多花卉媲美。于是马铃薯作为来自南美洲的奇花异草，被很多人请到了自己家的花园里，加以精心呵护，并把它插在头上，佩在胸前，别在衣角，来装扮自己。之后，闲来无事的贵族们围绕着马铃薯开发"偏方""验方"。他们发现马铃薯的茎叶切开渗出来的浆液能医治皮肤溃疡，还有人发现把马铃薯切成片贴在伤口上能治疗烫伤。这种神药，今天的人们仍在使用，而且真见效果。不过到底是什么原理，现代医学还没有揭开这一偏方的神秘面纱。

当欧洲人忙着开发马铃薯的"另类"用途时，居住在高寒山区的爱尔兰人，却毫不犹豫地深情拥抱了马铃薯。

④ 爱尔兰，温饱引导人们爱上马铃薯

法国画家欧仁·德拉克洛瓦（Eugène Delacroix）曾经为纪念1830年法国七月革命而创作了一幅著名的油画作品《自由引导人民》。在硝烟弥漫的巷战中，自由女神高擎着三色旗，领导着革命者奋勇前进。画面气势磅礴，色调炽烈，用笔奔放，是德拉克洛瓦最具有浪漫主义色彩的作品之一。

在爱尔兰，马铃薯可没有像在西班牙和英国一样备受冷遇，而是一进入爱尔兰，就得到了爱尔兰人民深情的拥抱。这一切源于爱尔兰独特的地理、政治和文化因素，最终演绎成"温饱引导人民"爱上马铃薯。

一开始，欧洲人不怎么待见马铃薯，但猪却没有以貌取食的偏见，一见如故就喜欢上马铃薯了。

> 要是把马铃薯当成饲料，肯定能将猪喂得白胖白胖的！

于是，马铃薯作为猪饲料被广泛种植。

作为食物不被人们重视，但马铃薯花因为大而美受到贵族追捧。

> 你头上的马铃薯花真好看。

> 这是精心选过的，也和你的衣服很配。

此外，人们还研究了马铃薯的其他功效。

> 马铃薯茎叶中的汁液能治溃疡，很有效的。

人们还发现了土豆片可以治疗烫伤。

> 哎呀！

> 贴上马铃薯片，一会儿就不疼啦！

> 谢谢！咦，还真是，我现在感觉没那么疼了！

如同外来物种被引入一个已经确定了的生态系统中一样，当马铃薯于16世纪末到达欧洲时，要找到一个落脚之地并不太容易。问题不在当地的气候和环境因素，而在于人们的思维。即使人们已经意识到了马铃薯巨大的生产潜力，在他们看来"这种新的植物里面人类的文化含量太少了，而没有经过重建的自然含量太多了"。

但爱尔兰是一个例外。

气候苦寒，小麦几乎不长

爱尔兰西临大西洋，东靠爱尔兰海，与英国隔海相望，是北美通向欧洲的主要通道。爱尔兰土地贫瘠，气候苦寒，谷类食物在这个岛上长得并不好，小麦几乎不能生长。

土地面积小且贫瘠

比恶劣的气候条件更雪上加霜的是，爱尔兰人并不拥有爱尔兰的土地。

17世纪，借助英国资产阶级革命势头上任的奥利弗·克伦威尔，逼迫英国君主退位，出任护国公，成为英国事实上的国家元首。1644年，他出兵远征爱尔兰，夺取了爱尔兰人的土地，赏赐给英格兰贵族。

据《爱尔兰史》记载，当时爱尔兰北部六郡共有土地350万英亩，而英国新教徒就占据了300万英亩，余下的50万英亩才归爱尔兰天主教徒所有。到1730年，爱尔兰天主教徒仅占有爱尔兰13%的土地。

马铃薯成为爱尔兰当时唯一的粮食

爱尔兰人必须依靠剩余的贫瘠土地养活自己。马铃薯以良好的适应性和抗逆性，以令人不可思议的方式告诉爱尔兰人，即使在英国殖民者舍弃的几英亩贫瘠土地上也能生产出足够的粮食来养活一家老小和几头牲畜，并且马铃薯和牛奶构成的特殊食谱足以提供人们日常的营养所需。基于这些明显的益处，马铃薯很快让粮食紧缺的爱尔兰人爱不释"口"，将马铃薯"提拔"为重要的粮食作物。

大西洋

爱尔兰海

爱尔兰

爱尔兰气候苦寒，土地面积小，小麦产量极低。

马铃薯生命力强，几乎成为当时爱尔兰最大种植面积的粮食了。

但是，1845年，一艘装满种用马铃薯的商船给爱尔兰的马铃薯带来了巨大的危险。

种用马铃薯

我们是植物烈性传染病，遇上我们，马铃薯就减产甚至绝产啦。哈哈！

上帝啊！这到底是怎么了，为什么马铃薯都腐烂了？

马铃薯晚疫病导致了爱尔兰大饥荒，1845—1848年三年内1/8人口饿死，还有约100万爱尔兰人背井离乡，横渡大西洋，迁往美国。

看，美国第35任总统的曾祖父就是当时从爱尔兰流亡到美国的呢！

约翰·肯尼迪

18世纪的爱尔兰作为欧洲最贫穷的国家之一，几乎将原本用于解救饥荒的马铃薯当成了唯一的粮食。据说，当时的爱尔兰人每年有10个月依靠马铃薯和牛奶过活，剩下的两个月则以马铃薯和盐为继。然而，由于长期单纯依赖于马铃薯，饮食过于单一化，爱尔兰人口生存率虽然提高了，但是人体健康素质有所下降。

马铃薯歉收引发爱尔兰大规模人口迁移

与此同时，一个更大的危险正在悄悄地向爱尔兰袭来。1845年，一艘装满种用马铃薯的商船携带着晚疫病病菌抵达爱尔兰。这是一种可怕的植物烈性传染病，马铃薯遭遇了毁灭性的大面积减产，甚至绝产。病原迅速传播至爱尔兰各地，导致马铃薯歉收，连续数年的大饥荒降临在以马铃薯为主食的爱尔兰人头上。这一时期，约有110万爱尔兰人死于饥荒，100万人背井离乡。一些人来到了欧洲，一些人则横渡大西洋，来到了美国。

爱尔兰的马铃薯危机，导致了一场大规模的人口迁移。现今的美国人中，以"O"开头的姓氏大部分是爱尔兰人后裔。在从爱尔兰流亡国外的大批难民中，一位名叫帕特里克的年轻人在驶往美国的轮船上邂逅了一位女子并与之结婚，后来定居在美国波士顿，帕特里克的曾孙约翰·肯尼迪，后来成为美国第35任总统。

什么是马铃薯晚疫病?

马铃薯晚疫病（potato late bright）又称疫病、马铃薯瘟，是由致病疫霉菌引起，导致马铃薯茎叶死亡和块茎腐烂的一种毁灭性真菌病害。疫霉菌主要侵害叶、茎和薯块。最早发生在下部叶片。叶片染病，先在叶尖或叶缘发生水渍状绿褐色斑点，病斑周围具浅绿色晕圈。湿度大时，病斑迅速扩大，呈褐色，产生一圈白霉（孢囊梗和孢子囊），叶背最为明显。干燥时，病斑变褐干枯，质脆易裂，不见白霉，扩展慢。茎部或叶柄染病，现褐色。它蔓延快，多发生在开花后，故称晚疫病。凡是种植马铃薯的地区都有可能发生，流行年一般导致马铃薯减产30%。

染晚疫病的马铃薯

为什么晚疫病会这么嚣张？

这和马铃薯采用块茎无性繁殖大有关系。种子繁殖是一个新生命的开始，无性繁殖却是原有生命的延续。马铃薯的块茎繁殖，就像器官移植，甚至"母婴传播"一样，原有器官的一些问题，在新的植株内不仅会留存，有时还会被"发扬光大"。晚疫病病菌也许就在一代代的块茎繁殖过程中，不断地在新一代的马铃薯植株中扩散累加。一般情况下，马铃薯和病菌之间会维持着某种相对的平衡。但是当某一年自然环境突然发生了某种改变，这种平衡被打破，晚疫病菌占了上风时，灾害就发生了。

马铃薯无性繁殖中不良性状的代际积累，往往导致马铃薯的优良性状严重退化，产生各种病症。但是，有了现代生物学技术将种薯脱毒后，这已经不再是困扰马铃薯育种的问题了，今天可以采用一系列的物理、化学、生物技术清除马铃薯块茎内累积的病毒。

当年，马铃薯的疫病对爱尔兰产生灾难性的冲击，其根本原因在于爱尔兰的主粮作物品种过于单一。将全部鸡蛋放在一个篮子里，覆巢之下焉有完卵。爱尔兰的教训，值得今天每个国家借鉴和反思。

1845年马铃薯晚疫病的扩散路线

⑤　德国，战争让马铃薯登堂入室

　　欧洲的其他国家仍然沉浸在自己的傲慢里，无视马铃薯在帮助爱尔兰人抵御饥饿方面的"卓越贡献"，把马铃薯称之为爱尔兰人和猪的食物。难道马铃薯在欧洲要折戟沉沙，永无出头之日了吗？

　　时势造英雄。18世纪中叶，1756—1763年欧洲有两大军事集团，以英国为首的英国–普鲁士同盟与以法国为首的法国–奥地利–俄国同盟之间，为争夺殖民地和霸权而进行了一场大规模战争，这就是历史上著名的"七年战争"。长期的战乱，民不聊生，粮食紧缺……就在这时，拯救欧洲人于饥饿的"英雄"横空出世了，它就是高产、适合各个地区种植、营养丰富的马铃薯。

马铃薯可以用来喂猪！

1740年，普鲁士国王腓特烈二世强制颁布了日耳曼马铃薯种植法令。

马铃薯是好东西啊，全国都要推广！

农民必须种植马铃薯，否则将挨鞭子、罚钱，甚至割鼻子、砍耳朵等……

国王还派出龙骑士在全国巡查督导。

记住了！记住了！我这就去种马铃薯！

经过国王的"铁血"推广，马铃薯在德国的种植面积迅速增加，并帮助德国经受住了后来"七年战争"的考验。

现在马铃薯终于要登台亮相拯救欧洲了！然而由于长期以来的抵制，欧洲人始终在心理上排斥马铃薯，马铃薯登上餐桌历尽挫折。

怎么才能让全社会接受马铃薯这种新食物？欧洲的上流社会想尽了办法。

先说说德国。

酷刑保证日耳曼马铃薯种植法令推行

1651年，马铃薯经法国传入德意志境内最强大的邦国，位于德意志北部的普鲁士王国。起初，日耳曼人并不以马铃薯为食，而是少量种植用作养猪饲料。1740年，继位的普鲁士国王腓特烈二世深切感受到了马铃薯的粮食魅力，前瞻性地颁布了日耳曼马铃薯种植法令。法令规定：农民必须种植马铃薯这种全新作物，否则将受到挨鞭子、罚钱等惩罚，甚至割鼻子、砍耳朵等残害身体的酷刑。为保障法令的严格执行，腓特烈二世甚至派遣龙骑兵，也就是马背上的火枪手在全国进行督导。经过这一时期的培育，马铃薯在德国的种植面积开始逐步增加。

马铃薯休战条约规定马铃薯种植季休战

腓特烈二世的马铃薯种植法令，经受住了之后"七年战争"的严峻考验。

1756年"七年战争"爆发，作为主要战争参与国的普鲁士王国曾多次遭受同盟国法国、奥匈帝国和俄国的入侵。粮食作物，尤其是地表作物被摧毁严重。而深藏于地下的马铃薯躲过劫难，并帮助普鲁士人顺利度过了食物紧缺的战争岁月。

普鲁士的敌人们很快地意识到，普鲁士的顽强在于强大的马铃薯种植业。战后，各侵略国，以及德意志联邦及其各邦，开始纷纷要求本国政府采取有效措施发展马铃薯种植业，以应对灾年和战争。

100多年过去了，19世纪初，德意志各邦又陷入战火之中。战事一起，农业生产必然受到牵连，马铃薯的收成也因此减产，民众遭受饥饿易引发暴乱。于是，各邦通过协商沟通最终制定了马铃薯休战条约，规定在马铃薯种植季休战以免耽误农时生产。

6 瑞典，友情与爱情的蝴蝶效应

马铃薯来到瑞典，则机缘巧合地得益于一段普通人的爱情故事。

哥德堡位于卡特加特海峡，约塔运河畔，是瑞典西南部海岸著名港口城市，与丹麦北端隔海相望。

1685年，一个名叫约拿斯的人出生在哥德堡附近的阿林索斯小镇。由于家境贫寒，约拿斯很小就开始自谋生计，给别人当伙计跑腿。在此期间，约拿斯结交了首都斯德哥尔摩的一家杂货批发店里的账房先生约翰，出于朋友关系，约翰帮助约拿斯在他的老板那儿谋得了一份抄写员的工作，于是年轻的约拿斯辗转到了斯德哥尔摩。

年轻的约翰爱上了老板的女儿，老板的女儿也不嫌弃约翰的贫穷，两人互相爱慕，私订终身。这场恋爱却遭到了老板的坚决反对。于是干柴烈火般的一对年轻人决定私奔。

在工作和友情面前，约拿斯毫不犹豫地选择了友情。他决定放弃工作，跟着这对私奔的恋人去英国闯荡。于是，三个年轻人悄悄变卖了所有值钱的东西，趁着老板周末去教堂礼拜的机会，偷偷逃出来登上了前往伦敦的一艘大船。

到达英国后，约拿斯开始四处打工，多年以后，终于成立了自己的公司。当时瑞典的纺织业刚刚起步，约拿斯敏锐地抓住机会向瑞典出口英格兰羊毛。随着公司逐渐壮大，约拿斯开始四处游历，频繁往返于当时强盛的法国和荷兰去开拓新的业务领域，开发新的商机。为了躲避荷兰关税，1723年8月的一个晚上，约拿斯与他聘请的专家一起带着一批纺织设备悄悄偷渡回到瑞典，在这些设备中，约拿斯还带回了一袋马铃薯种子。

约拿斯为了友情，跟好友一起来到英国。

他是谁？

他是瑞典的约拿斯，就是他将马铃薯带到瑞典的。

约拿斯和约翰是好朋友。约翰帮约拿斯找到了工作。

恋人，因遭到老板的反对，决定私奔。

马铃薯之王？听起来是一个有故事的人哦！

当然，我现在讲给你听。

约拿斯在英国打拼多年，终于有了自己的公司。

1723年的一个晚上，约拿斯不光带了纺织设备回到瑞典，还带了一袋做种薯用的马铃薯。

马铃薯种薯

为了纪念约拿斯，人们在哥德堡市中心为他建造了雕像，称为"吃马铃薯者塑像"。

回到瑞典后的约拿斯事业逐步做大，成了瑞典的风云人物，后来还被评为瑞典皇家科学院院士。

但在瑞典人心目中，约拿斯的最大贡献是他将马铃薯带回了瑞典，是瑞典第一个吃马铃薯、种植马铃薯的人，被公众亲切地誉为"马铃薯之王"。为了纪念约拿斯对瑞典的贡献，人们在哥德堡市中心为他建造了塑像，称之为"吃马铃薯者塑像"。

7 法国，马铃薯的命运一波三折

对浪漫的法国人来说，土疙瘩一般的马铃薯可不是浪漫情怀的合适寄托物。

早在路易十六时代（1754—1793年），马铃薯就自西班牙来到法国。但在法国，马铃薯并未因为它美味、高产以及强大的生长适应性等赢得法国人的青睐。马铃薯的命运一波三折。

起初，马铃薯是法国人不感兴趣的"另类植物"

起初，由于马铃薯靠块茎种植，种植方式完全不同于欧洲原有作物，欧洲农夫对于这种"独树一帜"的另类作物完全提不起兴趣，甚至认为它是发烧的诱因、催情的食物。好在法国启蒙思想家丹尼斯·狄德罗在他所著的《百科全书》中对马铃薯持中性态度，但他仍说："无论你怎么烹制，这个块茎（马铃薯）都索然无味，黏黏糊糊。"

当时人们对于马铃薯的植物学特性的研究尚处于初级阶段，对其切开后变黑的现象更是无法进行科学解释，于是有传言说马铃薯会引发麻风病。为此，法国勃艮第等地曾一度禁止人们食用马铃薯，甚至在1765年出版的《大百科全书》中将马铃薯定性为一种粗糙且只配给不讲究饮食的人吃的食物。

马铃薯是粗糙的食物，只配给不讲究饮食的人吃！

路易十六的王后对马铃薯花情有独钟，让马铃薯从田间走向了达官贵人的后花园。

嗯，带上这朵花更显高贵！

马铃薯花与皇室的气质最配哦。

我在普鲁士监狱每年只吃马铃薯，依然身体很棒，可见马铃薯的营养价值不低啊！

为了推广马铃薯，巴曼提耶想出了好办法。

你们好好看守马铃薯田，不能被人偷了！

巴曼提耶

真正使马铃薯在法国得到推广的，应属马铃薯推广教父——巴曼提耶。

趁夜间没有士兵站岗，农民们纷纷偷走一些马铃薯，种到自己田地中。

快点儿，不要被发现了！

就这样，马铃薯在法国得到了推广。

好奇心帮助了马铃薯推广呀！

王后的钟爱让马铃薯花成为观赏植物

唯一值得庆幸的是，国王路易十六的王后对马铃薯情有独钟。在她眼里，马铃薯花朵典雅洒脱、高贵大气，与皇室气质相配，于是她经常将其作为头饰使用。在她的影响下，佩戴马铃薯花成为法国贵族的时尚，贵妇们纷纷效仿。于是，马铃薯开始从田间走向达官贵人的后花园，作为观赏植物存在。自此，马铃薯的文化身价暴涨，成为品位的象征。

巴曼提耶：马铃薯推广教父

　　法国马铃薯推广的转机源自一位名叫安东奥古斯特·巴曼提耶的巴黎药剂师，巴曼提耶曾在"七年战争"期间服役，并5次被普鲁士军队抓获坐牢。坐牢期间巴曼提耶能吃到的食物几乎只有马铃薯。尽管如此，巴曼提耶的身体却依然健康，这使他对马铃薯满怀感激，并对其产生了浓厚的兴趣。1763年，"七年战争"结束后，巴曼提耶决心用余生来研究和推广马铃薯，并因此成为营养化学先驱。经过潜心比较研究，巴曼提耶指出："分布在地球上陆地和水面的无数植物中，也许没有一种比马铃薯更值得公民们注重的了。"

　　巴曼提耶在通过科学研究来为马铃薯正名的同时，也极力推广马铃薯种植。1775年，路易十六加冕后，取消了对谷物价格的控制，导致面包价格飞涨，引发了"面粉大战"。法国82个城镇发生内乱。

　　此时的巴曼提耶抓住时机，极力宣传，打出了"只要吃土豆，内乱就会烟消云散"的口号。与此同时，他一面极力向贵族推荐马铃薯晚宴，一面组织人在巴黎近郊栽种马铃薯，并在白天请一队兵士来守卫，夜间则全部撤退。白天的严密防卫引起了农民的好奇心，于是，一些灾民和好事者便在夜晚偷偷溜进园子，偷走了一些马铃薯种在自己的地里。实际上这正是巴曼提耶最想看到的，他是想用这种办法在普通民众中推广马铃薯种植。不久，法国农民便开始纷纷种起了这种全新的粮食作物。

粮食歉收给马铃薯广泛种植的机遇

1785年，法国粮食又歉收，由于马铃薯适应能力强、产量高，遂成为当时解决法国北部饥荒的主要食粮。也正是巴曼提耶的不懈努力，马铃薯才能在法国得以广泛种植并成为主要食物供给。后人为了纪念巴曼提耶的特殊贡献，在他的家乡为他建了一座纪念碑，上边写着：给人类的行善者立。实际上，马铃薯在欧洲各国的经历与法国类似，从排斥到接受，跌宕起伏。

8　俄国，暴动拉开种植马铃薯的序幕

俄国沙皇推广马铃薯种植的手段，和之前介绍过的普鲁士国王腓特烈二世比起来，不分伯仲，都是简单粗暴，一丝丝的温柔也没有。俄国强征农民的土地作为种薯的繁殖基地，甚至还出现了流血冲突。

彼得大帝是俄国历史上著名的帝王之一，曾一手推动俄国成为世界强国。1682年继位，通过兴办工场、发展贸易、改革军事、建立陆海军等措施缔造了俄国的辉煌。谁也不会想到，作为17世纪的国家舵手，彼得大帝在农业领域的贡献竟然与马铃薯有关。据史料记载，彼得大帝游历欧洲时被美丽的马铃薯花所吸引，于是花重金买下一袋马铃薯块茎带回自己的花园种植，在他的推广带动下，马铃薯成功入驻俄国。

入驻后，俄国发布了强推马铃薯的第一道法令

18世纪60年代，俄国一些地方发生饥荒，当时的医疗管理事务机关——医学委员会向政府倡议，认为马铃薯适应性强、产量大，种植马铃薯是解决饥荒的最有效手段。于是，1765年1月16日，俄国枢密院在全国发布了强推马铃薯种植的第一道法令。随后，开始向爱尔兰采购马铃薯种薯并分发给农民。尽管分发种用马铃薯时已经错过了最佳的种植时机，但在某些区域还是顺利地繁育起来了。例如，在诺夫戈罗德，一位菜农把两袋块茎切成单芽种植，获得了172袋（约3740千克）惊人的收成，1766年2月10日《彼得堡公报》以社论的形式对此事进行了报道。

1842年，俄国沙皇尼古拉一世命令沙俄农民种植马铃薯。

各地都设立马铃薯育种区，按照规定种植方式进行。

人们认为这是要没收他们的田地，把他们变成农奴。于是，马铃薯的恐怖故事四处流传……

吃了马铃薯，人们会变成恶魔，还会得各种怪病……

甚至，一些省份还爆发了大规模农民起义，也就是历史上著名的"马铃薯暴动"。

生活真幸福呀！

土豆炖牛肉，真好吃！

一波三折，俄国农民反抗政府发动"马铃薯暴动"

看到马铃薯的强大力量，1842年俄国沙皇尼古拉一世根据国家财产部的建议，命令在多个省份按照公有种植方式设立马铃薯育种区。然而，这道命令的实施并不顺利，公有制种植方式迅速引起了农民的怀疑，他们认为这道法令的目的是要把他们从有田的农民变成农奴，加上之前和政府的积怨，于是无力反抗的俄国农民插上了想象的翅膀，一时间，关于马铃薯的各种恐怖故事四处流传：吃了马铃薯，人会变成魔鬼，会生各种怪病等。叶卡捷琳堡、皮尔姆、喀山和诺夫戈罗德等省还陆续爆发了大规模农民起义，这就是历史上著名的"马铃薯暴动"。

终被接受，马铃薯炖牛肉成为俄国人幸福生活的象征

但马铃薯很快证明了自己是个高产、营养又不择地力的天赐食物，得到实惠的农民也就此接受了马铃薯这一奇特的外来物种，甚至后来有人把马铃薯炖牛肉看作是俄国人幸福生活的象征。

在俄国"十月革命"以前的150多年里，马铃薯种植主要集中在俄国中部地区。"十月革命"后，苏联十分重视马铃薯事业的发展，革命成功初期就在莫斯科附近建立了马铃薯实验站，后改组成马铃薯栽培科学研究所。1925年，苏联考察队来到南美洲，获得了大量的原始资源，回国后开展品种选育工作。1932年，为进一步改善马铃薯种植特性，苏联在北极建立北极区实验站，成功培育高抗寒性马铃薯品种"伊曼德拉"等，这使马铃薯种植得以推广到卡列里、科雷马、堪察加等高寒区域，马铃薯种植面积迅速扩大。

就这样，马铃薯在欧洲风行起来，成为欧洲种植最广泛的作物之一。欧洲独特的地理气候环境，夏季阴雨潮湿，玉米和水稻等谷类很难生长，主粮一直以来依靠越冬生长的冬小麦。马铃薯的大面积种植，解决了欧洲秋冬季甚至全年的食物供给问题，成为许多国家重要的粮食作物。

9 美国，后来居上的薯片之国

早在马铃薯晚疫病大暴发之前，马铃薯在1719年就随着早期的爱尔兰移民来到了美国。

马铃薯进驻欧洲近百年后成为美国的主粮作物

秘鲁与美国同在美洲，只有南北之分。但是马铃薯却没有直接北上，而是两度穿越大西洋，先是到了欧洲，又从欧洲来到了北美，乃至美国人比欧洲人晚了近100年才将马铃薯作为主要食品。如此辗转曲折，可能与美国得天独厚的农业生产环境有关，土地广袤、土壤肥沃，不缺少粮食的美国没有太强的内在驱动力去引进一个新农作物。

当欧洲人热烈地肯定了马铃薯的"功绩"后，也许是出于一种寻根式的文化认同心理，马铃薯在美国也受到了热烈的追捧，很快就占领了美国人的餐桌，成为重要的主粮作物。

马铃薯是如何进入美国的

有关马铃薯进入美国的记载大致有3种说法：一是英国人从南美携马铃薯回国时途经弗吉尼亚，留给当地；二是1613年由英格兰传入美国百慕大群岛。1621年的百慕大群岛州长送给弗吉尼亚州长两个大盒，里面装有马铃薯和其他蔬菜种子，此后马铃薯便先后在费城、弗吉尼亚等地种植，并由此地传开；三是跟美国人对马铃薯的称呼有关，美国人习惯把马铃薯叫做爱尔兰薯，这意味着马铃薯很可能自爱尔兰传入美国。19世纪爆发的爱尔兰大饥荒使美国迅速迎来了移民潮，来到美国的欧洲移民带来马铃薯，种植马铃薯，因而马铃薯在美国并未遭遇欧洲国家的污名和坎坷。爱尔兰人长途跋涉进入美国，依靠马铃薯落地生根，逐渐富足，人丁兴旺，一步步融入了美国的主流社会，并先后培育出了肯尼迪、尼克松、里根和克林顿4位美国总统。

薯片是我的最爱。接下来，我就给你们讲讲美国总统和科学家与马铃薯的故事。

第一任总统华盛顿将马铃薯种植在自己的庄园里。

以后，马铃薯一定能在作物之中占有一席之地。

第二任总统亚当斯在家信中也经常提及"吃马铃薯"。

大名鼎鼎的科学家富兰克林也是盛赞马铃薯。

第三任总统杰斐逊一生钟爱吃马铃薯。

这么多马铃薯美食，真不错呀！

这可是地道的美食呢

1802年，总统杰斐逊在白宫用炸薯条招待客人。

马铃薯在美国，总统和科学家代言

马铃薯在美国的发扬光大，与总统及科学家的工作密不可分。

1767年，美国第一任总统华盛顿将马铃薯种植在自己的庄园；第二任总统亚当斯在家信中时常提及"吃马铃薯"的片段；第三任总统杰斐逊于1772年开始吃马铃薯，并钟爱一生；大名鼎鼎的美国科学家本杰明·富兰克林曾任法国大使，其间一次偶然的宴会上鉴赏了马铃薯20种不同的烹饪方法，回到美国后，他盛赞马铃薯，认为马铃薯是最好的蔬菜；1802年，托马斯·杰斐逊总统在白宫用炸薯条招待客人。自此，炸薯条迅速成为美国最时尚、最流行的食物，并影响至今。

1866年美国农业部首次将马铃薯作为农作物进行产量的估测统计。

进一步培育和研发，美国薯片和薯条行销世界

更加难能可贵的是，在欧洲人培育出的适合欧洲长日照环境的马铃薯品种基础上，美国人又进一步培育出在产量、抗逆性、口感和营养品质方面更胜一筹的新品种。

20世纪20年代，随着马铃薯自动削皮机的发明，马铃薯片终于有机会从小食品变成大零食了。1932年，两位从事多年土豆加工产业的美国年轻人——圣安东尼奥的Elmer Doolin和纳什维尔的Herman W. Lay创立了一个新的品牌"乐事"（Lay's）并获得巨大成功。在他们的推动下，马铃薯片成为风靡全球的经典零食，在美国这个品牌几乎成了马铃薯片的同义词。

20世纪60年代初，早已跻身世界超级强国的美国通过遍布世界的麦当劳连锁店，将薯条推向全球。如今在大众眼里，"薯片（条）"已经与硅谷的"芯片"、好莱坞的"大片"一样成为美国文化软实力的标志。

今天美国已经成为名副其实的薯片大国。

⑩ 日本，马铃薯闪烁着舍华求实的理想光芒

无独有偶，马铃薯在日本也有多套"马甲"。据史料记载，1601年，荷兰船队将马铃薯从雅加达带到了日本长崎县的平户，这被认为是日本将马铃薯称作雅加达芋的原因。1789—1801年，俄国人将马铃薯传入北海道和东北地区，这些地方古称"蝦夷"，故马铃薯又称"蝦夷芋"。

据江户时代本草学者小野兰山（1729—1810年）发现中国《松溪县志》记载一种植物，名曰"马铃薯"，遂借用该名。

"男爵"引入日本，以慰跨国恋情的甜蜜与终生相思的苦涩

马铃薯传入日本，起初也是被当做观赏花卉，后逢饥荒年，始以其块茎充饥。马铃薯真正普及日本列岛，是在明治维新之后，北海道从美国引进了优良品种。现在，日本马铃薯的两大主要品种是美国的"男爵芋"和英国的"五月女王"。前者闯进日本，完全借了一位日本留学生跨国热恋的光。

北海道函馆船坞社长川田龙吉男爵，1877年留学英国格拉斯哥大学，专攻船舶机械专业。其间，飘荡在异国内心寂寞的川田与聪慧的英国女子珍妮一见钟情，成了如胶似漆的恋人。缱绻幽会之际，一对恋人总是喜欢吃热乎乎的马铃薯，且恬适眺望田野，互诉衷情，勾画出一道心灵景观。人曰：人生最大的幸福，是发现自己爱的人正好也爱着自己。二人定下终身。然而，限于当时的婚姻观念，跨国婚姻困难重重，川田的父亲挥棒打散了鸳鸯。川田将痛苦深埋心底，而秉性清朗的珍妮拴住了他的心，化作开在他心田上的一朵清新的马铃薯花。

1896年，川田继承父亲爵位，成为男爵。10年后，他到函馆开创事业，发现此地风光酷似英国，触景生情，他要在此地培育当年与珍妮共同吃过的马铃薯，永志初恋。川田千方百计从美英两国引进各类品种，在自己农场精心栽培，终于找到最适合北海道的品种，遂大力普及。后来，这个驰名列岛的美国品种被命名为"男爵芋"。可见爱情的力量何其神奇，并富有价值。川田男爵过世后数年，人们发现他的金库深处珍藏着来自珍妮的90封情书和一缕金发，诚可谓相恋到死思方尽了。

在英国，川田龙吉遇见了英国女子珍妮并一见钟情。

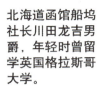

北海道函馆船坞社长川田龙吉男爵，年轻时曾留学英国格拉斯哥大学。

他们总喜欢吃着热乎乎的马铃薯，眺望田野。

真幸福啊。

真好吃啊。

但是，这对跨国恋人被川田龙吉的父亲拆散了。

再见了，我的爱人！

十年后，川田龙吉成为男爵，发现了日本函馆的风光酷似英国。

我要在这里种植和珍妮一起吃过的马铃薯！

就这样，川田龙吉找到并推广适合北海道种植的马铃薯品种，该品种被命名为"男爵芋"。

日本马铃薯主产地在北海道。夏季到来，1898米的羊蹄山西南麓，举目望去，到处都是"雅加达芋"田，这里的马铃薯特别有名。在以北海道为舞台的文学作品中，常有马铃薯登场。此外，日本东北地区也是马铃薯产地。

日餐中无处不在，文学家艺术家的宠儿

马铃薯作为食品，在日本有多种烹调法。在和风饮食中，马铃薯主要被用于做味噌汤、什锦火锅和牛肉/猪肉炖土豆、鱼糕等；西式的食品主要用于做羹汤、炖菜、薯泥、炸薯片、炸肉饼等。马铃薯还是日本蒸馏酒、烧酒的上等原料。痴爱马铃薯的日本画家武者小路，其大量的绘画，多以常见的蔬菜、水果和鲜花做题材。他曾这样坦述：他特别喜欢画马铃薯，与其说看重其食用性，倒不如说是看重其作为绘画素材的价值。它的果实味道和外观说不上美，颜色也不醒目，但却是温润的。马铃薯的果实之美，首先表现在形状多样，没有两个完全一模一样的。所以，看哪一个都独具特色，颇有意思。颜色亦然，看似相同却个个相异。它是立体的，颜色有点像人的皮肤，十分温润，让人感觉果实的薄皮里面充满了鲜活的生命。另一位岛国艺术家国木田独步在他那永载日本文学史册的短篇小说《牛肉和马铃薯》中，将牛肉比喻成现实，马铃薯则象征理想，那不善炫耀深埋地下修炼内功的马铃薯，被喻作闪烁光芒的理想。

马铃薯的传播，首先是从南美洲传到欧洲，再从欧洲扩散到世界各地。从南美传到欧洲有两条路线。

一条是1551年西班牙人Valdevii将马铃薯块茎带到西班牙介绍给国王，1570年引进并在南部种植，后来传播到欧洲大部分国家以及亚洲的一些国家和地区。另一条是1588—1593年，马铃薯被引种到英格兰，此后，从英格兰到苏格兰、从威尔士到北欧，再从英国到其海外殖民地及北美洲；17世纪晚期，马铃薯传入中国、菲律宾、日本、西印度群岛等亚洲国家和部分非洲沿海地区；18世纪末，马铃薯传入澳大利亚、新西兰等大洋洲地区，至此基本完成了它的世界旅行。

11 中国，昵称背后的故事

在我国东北、河北、鄂西北地区称马铃薯为土豆，华北地区称其为山药蛋，西北和两湖地区称其为洋芋，江浙一带称洋番芋或洋山芋，广东称之为薯仔，粤东一带称荷兰薯，闽东地区则称之为番仔薯。

这些亲切的"昵称"背后，也许标示着马铃薯传入中国的不同路径以及对应的不同时间。

马铃薯何时传入中国？最早的记载见于明万历年间

关于马铃薯传入中国的具体时间和路径至今仍有争论。

以中国农史研究专家翟乾祥先生为代表的观点认为，马铃薯应自明末万历年间（1573—1619年）引入中国，随即成为皇家珍馐。清乾隆中后期，由于人口急剧增加，急需增加粮食产量，再加上户口管理放松，农民有了迁徙自由，马铃薯才得以向全国推广。

以谷茂先生为代表的观点则认为，马铃薯最早引种于18世纪。

虽然关于中国引进马铃薯的确切时间尚未有定论，但可以考据的是，有关马铃薯的史料记载始于明朝末年，最早见于明代万历朝进士蒋一葵约于1600—1610年所著的《长安客话》。在这本书的卷二中对土豆做了如此描述："皇都杂记：土豆绝似吴中落花生及香芋，亦似芋，而此差松甘。"

无独有偶，万历朝另一文人徐渭亦有五律诗《土豆》一首："榛实软不及，菰根旨定雌。吴沙花落子，蜀国叶蹲鸱。配茗人犹未，随羞箸似知。娇鞏非不赏，憔悴浣纱时。"徐渭此人，游历南北，见闻广博，却为区区土豆作诗，将其视作上等美食，足以说明马铃薯在万历年间仍属于难得一见的稀罕之物。

相传明朝万历年间，马铃薯引进中国。当时，马铃薯可是高端食物呢，只有皇家贵胄才能享用。

我徐渭喜食土豆，就为土豆作诗！

土豆

榛实软不及，菰根旨定雌。
吴沙花落子，蜀国叶蹲鸱。
配茗人犹未，随羞箸似知。
娇鬟非不赏，憔悴浣纱时。

万历以后，马铃薯逐渐跻身宫廷美食行列。明代晚期刘若愚所写的《酌中志》记载，一般在正月十六之后，宫中灯市最为繁盛热闹，天下珍馐百味云集于此，其中便有"辽东之松子，蓟北之黄花、金针，都中之山药、土豆"。在上百种珍味里，马铃薯从口感到卖相均平淡无奇，却能稳居京都特产之位，必然有其独特性。事实上，对于食遍天下、口味刁钻的皇族贵胄来说，马铃薯最吸引人之处便是其来自异域而已，以马铃薯入宴，不过是吃个新鲜。

从宫廷走向民间，清代中叶迎来第一个种植高峰

如上所述，马铃薯在明末时便漂洋过海，传入中国。但由于其品种上的特殊与罕见，仅有达官显贵方能享用。明代上林苑即使有专司蔬菜种植的"菜户"，在筛选、培育马铃薯上有一定技术优势，但它毕竟是服务于宫廷的机构，既不会大面积栽种马铃薯，更不可能将薯种和种植技艺传入民间。所以，此时马铃薯虽已被引进中国，却不过偶尔现身于富贵人家的餐桌上，千千万万的普通老百姓并无此等口福。

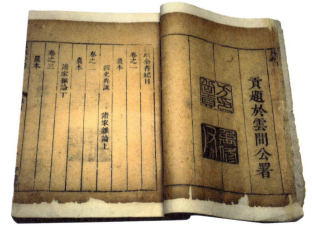

《农政全书》和《长安客话》

明清之际，马铃薯的栽种技术不断提升，产量亦不断提高，是以开始突破贵族食物的藩篱，转而向平常百姓的餐桌靠拢。特别是在清朝建立后，政府取缔了明代皇室的蔬菜供应系统，皇室菜户沦为普通农民，各种作物的种子及培育方法也不再是机密了。于是，马铃薯也借机走出大内，向京畿周围乃至全国各地大规模地传播开来。天津、河北一带因毗邻京师，是马铃薯扩散的重点区域。1685年出版的《宛平县志》中，"物产蔬类"里便记有"地豆"。地豆，地生之豆也，指的便是马铃薯。雍正年间，马铃薯在河北深州一带又有了新的别名，"地豆又名地生"。"地豆""地生"等别称相继产生，既是地域差异所致，同时又从侧面反映出马铃薯的栽种范围在逐步扩大。徐光启于1628年成书的《农政全书》中记载："土芋：一名土豆，一名黄独，蔓生叶如豆，根圆如鸡卵。肉白皮黄，可灰汁煮食，亦可蒸食。"可见，马铃薯已成为当时用于农业种植的作物之一。清代官修省级地方志《畿辅通志》在1682年的记载中，把马铃薯称作"土芋，蒸食之味如番薯……"

清代中叶后，中国人口骤增，人民对粮食的需求也与日俱增。面临巨大的人口压力与粮食危机，人们开始寻求水稻、小麦等传统作物的替代品，来自美洲大陆的马铃薯便被纳入考虑的范围。在这样的社会背景下，马铃薯迎来了第一个种植高峰。

清中期后，农民自由迁徙带动马铃薯传播

自乾隆初年始，户口管理日益放松，农民得以自由迁徙，大规模的移民垦殖活动兴起。伴随着移民迁徙的步伐，马铃薯的薯种及种植技艺流传得更远，就连相对偏远的西南、西北地区及陕南高原也开始尝试栽种。所幸马铃薯的表现并未令人失望，它不但很快适应了复杂的自然环境，而且产量颇高，远超一般高原作物。据汉中知县严如熤所称，嘉庆年间，单株马铃薯普遍可结实十数、数十颗，哪怕是一块贫瘠的沟地，也往往能产出十数石（dàn，历史上用来计量谷物容积的单位）马铃薯。考虑到当时的种植条件和技术，这已是相当惊人的数字。

至道光年间，马铃薯进一步传播到山西中部、北部，其后山西更发展为中国马铃薯的主要产区。马铃薯的到来受到了山西人民的极大欢迎，当地人根据地域特色，亲切地称这种花白茎大的作物为"山药蛋"。当时马铃薯产量之高，竟已达年收数百石的地步。

马铃薯的移植频频传来捷报，使更多人认识到这类作物潜在的经济价值。在政府的大力推广下，马铃薯的种植在全国蔚然成风，南至闽粤等地，北至内蒙古、东北，几乎随处可见马铃薯的身影。

值得一提的是，在清朝全盛时期，即18世纪以后，我国多处地方志中都出现了马铃薯的身影。1700年福建省北部山区一个颇具特色的小县的县志《松溪县志·物产》卷六中记有"马铃薯，菜依树生，掘取之，形有大、小，果如铃，子色黑而圆，味甘苦"；1739年的《天津府志》卷五《物产》中记有"芋，又一种小者，名香芋，俗名土豆"；1762年的河北正定的《正定府志》中也有"土芋，通志俗呼土豆，味甘略带土气息"的记载。由此可见，18世纪马铃薯在我国大部分地区都有种植或食用。

马铃薯传入中国的路径：东南路、南路、西北路三条

考虑到马铃薯在栽培过程中多采用无性繁殖，会出现品种衰退、无性繁殖病害积累的问题，所以它的传播链比较短，容易出现中断。而我国幅员辽阔，东西南北气候差异较大，传播路径上，马铃薯多路径、多次传入的可能性较大，目前专家普遍认可的传入路径主要有东南路、南路、西北路三条。

东南路径主要是自荷兰到中国台湾、广东、福建一带后，向江浙一带延伸，因此这些地区习惯将马铃薯称为荷兰薯，并沿用至今。

南路主要由印度尼西亚（原荷属爪哇岛等地）传入广东、广西，然后由此向云、贵、川传播。1906年的四川《越西厅志》有"羊芋，出夷地"的记载，这一地区马铃薯又被称为爪哇薯。

西北路是由晋商自俄国或哈萨克汗国（今哈萨克斯坦）引入，途经内蒙古、陕西、晋北一带，由于气候适宜，种植面积迅速扩大，有"山西种之为田"的薯田千里的景象。

马铃薯在西北、东北地区及云贵川湘鄂遍地开花

马铃薯在中国的安家落户并非一帆风顺，遭遇了强有力的竞争者。在华北和东南地区，小麦、水稻和玉米已然构建了稳固又完善的粮食供给体系，乃至马铃薯迟迟不能在主粮领域占据一席之地。最终耐寒耐旱、对土壤肥力不苛求的马铃薯在土地贫瘠、干旱少雨的西北部地区找到了它的立身之地。

西北地区恶劣的生态环境，使得其他谷物很难良好地生长，却恰好给了抗逆性强的马铃薯一个充足的发展空间。加上这一地区普遍缺粮的现状，人们对粮食有着迫切的需求。很快马铃薯就和这一地区的主粮作物小米和玉米打成了平局，且在原先只能生长莜麦（裸燕麦）的内蒙古、河北、山西、陕西北部等高寒地区普遍种植，成为当地人的主要粮食作物，对于中国人口的迅速增加起到了重要作用。

而在西北地区以外，马铃薯也在中国的东北，以及四川、贵州、云南、湖北、湖南等地的山区深深地扎下根。

在漫漫历史长河中，马铃薯带着满满的生机与活力不请自来，在进驻中国的四百多年里，对中国极限土地的开发利用、生态的和谐平衡、人口增长及社会发展、国民饮食生活的丰富多彩等均起到了重要作用。

马铃薯肖像

出身名门气质天成

马铃薯出身名门，它是植物界望族茄科的成员，与同科的番茄、茄子、青椒是近亲。在所有的农作物中，马铃薯算是最容易种植的一种。与其他粮食作物相比，马铃薯不仅抗旱、早熟、高产，而且淀粉含量高、种植适应性好，素有『铁杆庄稼』的美称。

1 马铃薯写真

在所有的农作物中，马铃薯算是最容易种植的一种。每当有边角地块又不想撂荒时，农民们总会选择"投下几粒马铃薯"，因为它是最好伺候的"小主"。与其他粮食作物相比，马铃薯不仅抗旱、早熟，而且淀粉含量高、种植适应性好，素有"铁杆庄稼"的美称。在我国东北地区，人们对于马铃薯种植有着极为亲切的描述，在他们眼里，马铃薯耐自然灾害，喜欢冷凉气候。只要种上，多少都会有收成；只要开花，就能到田垄取"蛋"糊口，解决温饱。

可是马铃薯到底是谁家的子嗣呢？让我们看一下马铃薯的自然名片。

马铃薯的"族谱"与"身份证"

马铃薯出身名门，它是植物界望族茄科的成员。茄科家族中声名显赫的还有番茄、茄子、青椒……家庭成员还没点完，一盘地三鲜就出来了。的确，地三鲜就是茄科植物荟萃。枸杞、烟草、曼陀罗、龙葵也是马铃薯的亲戚。

马铃薯自然名片

学名	马铃薯（Potato）拉丁学名：*Solanum tuberosum*	别名	巴巴司、地梨、地豆、爱尔兰薯、地蛋、洋芋、山药蛋、土豆、番薯
界	植物界	门	被子植物门
纲	双子叶植物纲，又称木兰纲	亚纲	菊亚纲
目	茄目（Solanales）	亚目	茄亚目
科	茄科（Solanaceae）	属	茄属
族	茄族、茄亚族	籍贯	南美安第斯山脉的的喀喀湖
种	马铃薯	亲属	辣椒、番茄、烟草、枸杞、颠茄

以上是马铃薯的"身份证"。

　　俗话说，没吃过猪肉，还没见过猪跑？但是全球加速城市化的今天，很多城里人，真的是只吃过马铃薯，没见过马铃薯的秧苗。百闻不如一见，看图说话最方便。

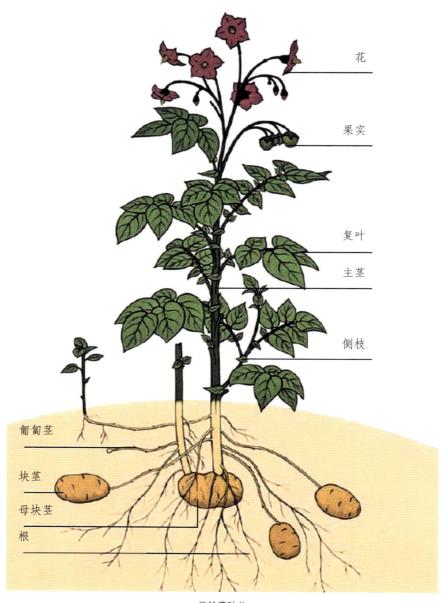

花

果实

复叶

主茎

侧枝

匍匐茎

块茎

母块茎

根

马铃薯秧苗

马铃薯的"薯生"

马铃薯,一年生草本植物,个头不高,和三四岁儿童差不多高,植株高度1米左右。和其他被子植物一样,分为根、茎、叶、花、果实和种子等几部分。

马铃薯的花、叶、果芳容如何?

随着马铃薯植株的生长,其复叶开始制造淀粉并转移到其地下茎的末端。地下茎变粗,在靠近土壤表面的地方形成几个或多达20个块茎,但是实际上能够达到成熟阶段的块茎数量取决于可获得的水分和土壤养分。

美丽的马铃薯花

生长期结束后,地上部分的枝叶枯萎,其新生块茎与匍匐茎分离。此后块茎作为养分储备,保证植物在寒冷气候中存活并在以后重新生长和繁殖,每个块茎有2～10个芽眼,在其表面呈螺旋状分布。有芽眼生出的嫩枝待条件适宜后可以成为新的植株。生马铃薯块茎富含微量元素、维生素等,既可食用,又是繁殖器官。因而我们食用的是马铃薯营养丰富的地下块茎。块茎是一缩短而肥大的变态茎,在大小和形状上会有所差异,一般每块重50～250克,大块可达1500克以上。形状多呈圆形、长圆形、椭圆形。表皮有白、黄、红、紫等颜色,果肉有白、黄、红、紫等。有些块茎由于色素分布不均也可能呈现多彩颜色,其中食用品种以黄肉和白肉者居多。

盛夏时节,马铃薯绽开美丽的花朵。马铃薯的花为聚伞花序,每个花序有2～5个分支,每个分支上有4～8朵花。花冠的颜色有白色、浅红色、紫红色及蓝色等。

说到这儿,求知欲强的人们或许要问——

马铃薯花的颜色与马铃薯块茎的颜色有关系吗？

马铃薯花一般有白色、乳白色、紫色等。马铃薯块茎的颜色就更多了，有白的、黄的、紫的、蓝的，甚至还有黑色的。但是马铃薯花与马铃薯块茎的颜色并非一一对应，不是白花一定结白薯，紫花一定结紫薯。比如，我们国家就有一种叫"紫花白"的马铃薯品种，很写意地传递了花与薯颜色的不一致。至于它们之间的关系，还没有人专门研究到底有没有规律可循，这个问题还在静静地等待着有兴趣的人去探究。

20 个常见马铃薯品种的花色、薯块皮色与肉色一览表

品种	花冠颜色	皮色	肉色
克新 1 号	淡紫色	白色	白色
费乌瑞它	蓝紫色	淡黄	黄色
滇马铃薯 6 号	淡紫红色	白色	白色
鄂马铃薯 5 号	白色	黄色	白色
陇薯 6 号	乳白色	淡黄	白色
青薯 168	浅紫色，内有紫红色星形叶轮	红色	浅黄
合作 88	紫色	红色	黄色
中薯 3 号	白色	淡黄	淡黄
早大白	白色	白色	白色
大西洋	淡蓝紫色	淡黄	白色
坝薯 10 号	白色	淡黄	淡黄
冀张薯 8 号	白色	淡黄	乳白
夏波蒂	淡紫色	白色	白色
东农 303	白色	黄色	黄色
庄薯 3 号	淡蓝紫色	黄色	黄色
克新 13 号	白色	黄色	淡黄
鄂马铃薯 4 号	白色	黄色	黄色

（续）

品种	花冠颜色	皮色	肉色
秦芋 30	白色	淡黄	淡黄
川芋 5 号	紫色	黄色	黄色
宁薯 4 号	紫蓝色	淡黄	黄色

当花朵谢了之后，马铃薯也会结出果实。马铃薯的果实和番茄一样是浆果，有绿色、褐色或紫绿色的。每个马铃薯果实内含种子100～250粒。

马铃薯块茎皮与肉的色彩也不一致

不仅马铃薯的花与马铃薯块茎的颜色不是一致的，而且马铃薯块茎的皮与肉的颜色也并不总是保持一致。

汪曾祺曾在他的散文里回忆道："我的'巨著'，是画了一套《中国马铃薯图谱》。这是所里给我的任务。马铃薯在南方种几年，就会退化，需要到坝上调种。"于是，他画完一个烤一个。"像我一样吃过那么多品种马铃薯的，全国盖无第二人。"

事实上，马铃薯可不是只有黄皮黄心，还有的是紫皮黄心，有的是红皮白心，最好看的一种，白薯肉套着红薯肉，像颗熟鸡蛋。

彩色马铃薯

② 多彩的马铃薯昵称

古代印第安人给马铃薯起了各种亲切的名字：在秘鲁马铃薯被称为伊巴里或阿萨，在哥伦比亚被称为约札或龙尼，在昆卡地区被称为巴巴；在玻利维亚被称为肖克或安卡，在智利北部被称为波尼，在厄瓜多尔被称为替鲁成普洛，而巴巴则是印第安人比较通用的名称。这些亲昵如乳名似的称呼，也表达了印加人对马铃薯的珍爱有加。

马铃薯被传播到世界各地后，人们根据马铃薯的来源、性味和形态，给马铃薯取了许多有趣的名字。意大利人叫它"地豆"，德国人叫"地梨"，美国人叫"爱尔兰薯"，俄国人叫"荷兰薯"。

③ 马铃薯繁殖的秘密

我们都说播种，可种植马铃薯，播下的不是种子，而是块茎。

古印第安人发现马铃薯繁殖的秘密——通过块茎繁育而非种子

印第安人是怎样发现只需播种块茎，就可以收获马铃薯的呢？真相究竟如何，历史久远，现在只能靠推测。

也许他们一开始就发现了马铃薯块茎的秘密；也许最初的时候他们播下的是种子；也许之后他们偶然发现，掉到地上的马铃薯，经过泥土的掩埋和雨水的滋润，过一段时间会长出新的马铃薯植株，会收获更多的马铃薯……但对于古代的印第安人来说，发现了马铃薯块茎无性繁殖的秘密，无疑是一个重大事件。

于是，古代印第安人在吃马铃薯的时候，会有意识地留下几块，埋在地里，周而复始地播种、收获，这就是原始的农业。之后，他们发现，有芽眼的马铃薯块，才能长出新的植株。再后来，他们还发现，如果选择个头大的马铃薯块茎种下，新长出来的马铃薯也会个大丰满，这就是原始的良种选育。马铃薯经过一代代的筛选，完成了从野生状态向人工栽培状态的人工驯化，最终马铃薯的种植扩展到了整个安第斯山区，并且筛选出了抗寒的新品

世界野生马铃薯发源地地图（·表示野生马铃薯发源地）

种，让马铃薯可在刚刚低于雪线的海拔超过3000米以上的安第斯高原收获成熟。聪慧的古印第安人一度开发出了200多个马铃薯新品种。

现在，马铃薯有两个亚种，即安第斯种（*Solanum andigena*）与普通栽培种（*Solanum tuberosum*），二者差异甚微。安第斯种适应短日照条件，而且主要在安第斯地区种植；普通栽培种是通过少量引入欧洲的安第斯马铃薯繁殖而来，后者逐步适应了在较长日照下生长，目前在全世界广泛种植。

马铃薯的可食部分是它的根吗？

马铃薯可食用的部分是地下块茎，淀粉含量丰富，使得马铃薯既可以当作蔬菜，也可以当作主食。

首先，假若你认真观察，你会发现马铃薯表面有芽眼、叶痕，这都是茎的特征，而非根的特征。马铃薯的芽眼内有2、3个腋芽，仅其中一个腋芽容易萌发，能长出新枝。种马铃薯不是种马铃薯种子，而是把马铃薯切成小块，选择带有芽眼的埋在土里。其次，马铃薯地下枝条在土层中匍匐生长，当生长到9～12厘米时，末端膨大，长出马铃薯。在植物学家的眼中，马铃薯的表层有周皮，上有少数皮孔。切开马铃薯，可分出皮层、外韧皮部、木质部、内韧皮部和中央的髓部。

综上所述，马铃薯无论从外形还是构造上看，都可证明是茎的变态。我们吃的是马铃薯的块茎，而不是像胡萝卜一样吃它的根。

马铃薯的块茎为什么要长在地下呢？

在进化的过程中，自然环境是变化莫测的，生物体在形态和功能上也会出现各种各样的变化，当生物体自身的变化恰好与环境的变化同步时，携带这些变化的生物体就会成为"幸运儿"生存下来，并通过自身的繁衍将这个变化的性状代代传递下去。这就是自然选择。

马铃薯的块茎本身是一段埋藏在地下、没有伸展出地面的茎。由于马铃薯的起源地安第斯山脉自然环境恶劣，为了平安顺利地度过逆境，马铃薯长年蓄积足量的养分，留得青山在，其地下茎末端形成膨大而不规则的块状，用于贮存养料，越过寒冬，每年除了定期开花进行有性繁殖之外，遇上好时机还可以直接动用块茎储存的养料进行无性繁殖。块茎埋在地下，防冻问题解决了一大半，被草食动物发现的概率也大减，静待春天到来，再次萌发。

当然，如果你一定要播种马铃薯的种子进行繁殖，也是可以长出马铃薯植株的，并且在地下收获新的马铃薯。播种种子这种有性繁殖的方式，虽然会为后代带来更多的变异，增强对环境的适应性，但显然不如块茎繁殖这种无性繁殖的方式效率更高。这是因为无性繁殖没有精子和卵细胞结合成受精卵的过程，因而后代一般不会出现变异，有利于保持亲本的优良性状，加快植物繁殖的速度。

但是，马铃薯块茎繁殖的弊端也是很明显的，种薯容易通过无性繁殖一代代积累病毒，会导致其品质变差。今天的马铃薯种薯需要采用茎尖组织培养技术进行脱毒处理。

马铃薯无性繁殖

4 马铃薯的种子——对种薯繁殖和新品种选育至关重要

既然我们吃的是马铃薯的块茎，播种的也是马铃薯的块茎，那么，问题来了，马铃薯有种子吗？如果有，是干什么用的？

事实上，和所有茄科植物一样，马铃薯是可以开花结果的，马铃薯开花授粉后可结出浆果，浆果内一般可以着生100～200粒实生种子。种子样子和茄科家族番茄、茄子的差不多。浆果俗称洋芋铃子，马铃薯的种子不能吃，一般不用来播种。由于马铃薯长期用无性繁殖方式种植，体内遗传物质是杂合的，所以，如果像番茄那样用种子繁殖的话，种出来的马铃薯就会变得多种多样，这就是杂交后代的分离。

土豆开花后结的果实，像没熟的小番茄，直径不过2厘米

虽然马铃薯种子既不能吃，也不作为播种繁殖的材料，但它对于种薯繁殖和新品种选育至关重要。马铃薯的浆果内的种子称为马铃薯实生子，用实生子播种出来的苗叫做实生苗，实生苗结出的块茎叫做实生薯。由于马铃薯病毒能系统侵染植株各个器官，但却很少能侵入花粉、卵和种胚。因此，有性生殖形成的种子有排除亲本病毒的作用，能产生无病毒的种子，从而中断无性繁殖积累的病毒，防止种薯退化，提高产量。

实生子分为天然实生子和杂交实生子两种，天然实生子广泛用于种薯繁殖，杂交实生子主要用于新品种选育。

在缺乏种薯的地方，利用实生子育苗移栽技术生产出的实生薯，经过严格淘汰病株、杂株、野化株后，将生物学性状一致的合并起来，收获时再把薯块小、产量低、畸形的薯块淘汰，余下的则可直接投入大田生产。以后在实生薯后代中同样进行上述选择，就能保持同一品种的种性长期不退化。实生子在杂交育种上的应用，是根据亲本选配的原则选出优良的亲本，把他们进行杂交，产生新的杂交实生子，通过不断的选育，就能育出新的优良品种。

⑤ 马铃薯生长日记

种下种子，就可以长出小马铃薯来。马铃薯种子具有休眠特性。一般当年采收的种子，发芽率为50%～60%；贮藏一年的种子发芽率较高，在合适的温度以及环境条件下，可达85%～90%。所以，马铃薯既可以用种子繁殖，也可以用块茎繁殖。

第0～30天，马铃薯的发芽期

从种薯解除休眠，芽眼处开始萌芽、抽生芽条，直至幼苗出土的阶段，叫做发芽期。这一阶段马铃薯生长的核心是根系形成和芽条生长，是获得高产稳产的基础时期。

第30～55天，马铃薯的幼苗期

马铃薯块茎从出苗到植株现蕾（出现花蕾）为止，叫做幼苗期，亦称团棵期。马铃薯成苗期只有15～25天，比粮、棉、蔬菜作物60～70天要快得多。这种速熟特性，是块茎繁殖作物在生物学上的重要优点，可争天时、夺地利，在单位时间、单位面积上制造出更多的有机质。

第55～85天，块茎形成

块茎形成期从现蕾开始至开花为止。这一阶段，马铃薯植株从以地上茎叶生长为重点转向地上茎叶生长和地下块茎形成同时进行，茎叶生长会出现短暂缓慢现象，一般持续7～10天。

第85～107天，块茎膨大

块茎膨大期也叫块茎增长期，从开花历经盛花、收花，直到茎叶开始衰老为止。这个阶段，植株生长以块茎体积增大和重量增加为重点，马铃薯全生育期所形成的干物质总量的40%～75%是在此阶段形成的。

第107～132天，淀粉积累

干物质积累期，也叫淀粉积累期，一旦植株基部叶片开始衰老变黄，茎叶和块茎鲜重达到平衡，就标志着植株进入了干物质积累期，生长特点以淀粉转运积累为中心。

虽然茎叶停止了生长，但光合作用仍在旺盛地进行，不断制造有机质，大量向块茎中转移；尽管块茎体积不再明显增大，但干物质重量显著增加，块茎总重量继续增加。在此期间增加的产量可占总产量的30%～40%。

第132天，丰收在望！

马铃薯与谷类作物不同，没有严格的成熟期。北方地区，由于一年一熟，正常条件下，植株绝大部分或全部枯死，薯皮木栓化程度较高，并开始进入休眠状态，即达到了生理成熟期，可以收获了。木栓化是指植物的细胞壁不透水和空气，细胞内原生质与周围环境隔绝而死亡。

第132天后，休眠待生

马铃薯块茎的休眠属生理性自然休眠，处于休眠期的块茎即使给予适宜的温度、水分和气体条件也不会发芽。马铃薯块茎的休眠实际上是从块茎膨大时开始的，休眠期因品种而异，可短至1个月，也可长达4～5个月。

马铃薯历经发芽、长苗、结薯、膨大、淀粉积累以及长达3～5个月的地下休眠，至此完成一个生命的轮回。

今天，由于人们不断地根据所在地的气候条件等自然环境对马铃薯进行育种优化，全世界的马铃薯品种统计起来有上千种。

马铃薯由于其生态的安全性、生产的高产性、经济的高效性以及顽强的适应性，已经是全世界范围内最具知名度的食物之一。作为世界上种植最为广泛的作物之一，"黄金粮食"的美誉，马铃薯当之无愧。

• 马铃薯生长示意图

1. 栽培的种薯　　2. 营养生长　　3. 块茎形成　　4. 块茎膨大

马铃薯生长发育过程图

6 马铃薯栽培关键点

马铃薯耐旱、喜冷凉，是喜低温、喜肥、生长期短、产量高的作物，需水量与环境条件的关系密切而复杂，对土壤环境要求不是十分严格。

温度

马铃薯是不耐高温、喜冷凉怕热的作物，最适宜的日平均气温为17～21℃；适宜种子发芽的土层温度为13～18℃，最低发芽温度为5～7℃。适宜茎叶生长的温度为16～22℃；日平均气温超过25℃，茎叶生长缓慢；当温度超过36℃或低于7℃时，茎叶停长。适宜薯块生长的温度为17～19℃，昼夜温差大，利于干物质的形成，薯块大，产量高，增产明显。

水分

马铃薯耐旱，但在不同生长时期也有最适宜的土壤含水量。幼苗期土壤湿度维持在田间持水量的60%左右。发棵期土壤湿度应维持在土壤最大持水量的70%～80%；发棵期后期要适当控制供水，土壤湿度应由80%降到60%。结薯期：前期土壤湿度需持续保持在70%～80%，切忌忽干忽湿，如长期干旱后浇水，极易造成薯块的二次生长，薯块畸形；后期土壤湿度维持在50%～60%即可，有助于薯块表皮木栓化。

光照

马铃薯是喜光作物，光照充足时，枝叶繁茂，生长健壮，容易开花结果，块茎形成较早，块茎产量和块茎干物质含量较高；长日照对茎叶生长和开花有利，短日照有利于养分积累和块茎膨大；日照时间以11～13小时为宜。

土壤

马铃薯耐贫瘠，适应性强，但以表土层深厚、结构疏松、排水通气良好和富含有机质的土壤为最适宜，特别是孔隙度大、透气良好的沙壤土栽培马铃薯，出苗快，块茎形成早，薯块整齐，薯皮光滑，产量和淀粉含量均高。马铃薯对土壤酸碱度的要求以pH5.5～6为最适宜，实际上在北方的中性甚至偏碱性土壤中亦能生长良好，但土壤含盐量达到0.01%时，植株表现敏感。另外，过碱易造成薯块表皮受损，引起疮痂病。

营养

马铃薯耐贫瘠，但同时也适应较高肥力环境，需肥量较大。每生产1000千克马铃薯，需要吸收氮4.8～6千克，磷1～3千克，钾10.3～13千克，氮、磷、钾肥比例为$N：P_2O_5：K_2O=2：1：4$。马铃薯属高产喜钾作物，即马铃薯对钾肥的需要量是氮肥的2倍。除氮、磷、钾外，钙、硼、铜、镁等微量元素也是马铃薯生长发育所必需的，尤其是对钙元素的需要量相当于钾的1/4。

马铃薯生长常见问题解答

①马铃薯喜欢什么土壤？

轻质壤土和沙壤土最适合马铃薯生长。

②马铃薯对土壤酸碱性有啥要求？

马铃薯喜欢微酸性和中性土壤，pH5.5～6的土壤最适合。

③碱性土壤对马铃薯有啥影响？

偏碱土壤种植马铃薯易发生放线菌造成的疮痂病，影响块茎质量。

④黏土种植马铃薯注意什么？

黏土种植马铃薯，最好高垄栽培，有利于排水、透气。

⑤沙土种植马铃薯注意什么？

沙质土壤保水、保肥力最差，种植时应适当深播。

⑥改良盐碱土的主要措施有哪些？

一是水利措施：明沟排水、灌溉冲洗、井灌井排、清淤改碱、种稻改良；

二是农艺措施：沟垄种植、躲盐巧种、轮作绿肥、增施有机肥、粮肥轮作等；

三是化学措施：使用微生物菌肥安润+山推，改良土壤，促进壮秧，防治根部病害。

⑦马铃薯生长都需要哪些营养？

马铃薯所需肥料中的营养元素种类与其他作物大体一样，主要是氮、磷、钾，通常叫做"三大要素"。另外，还有中量元素钙、镁、硫，微量元素铜、铁、锰、锌、硼、钼、氯等，还要从空气、水中吸收碳、氢、氧等元素。补充微量元素，有解药害、抗涝、抗干旱等多种功能。

⑧马铃薯缺氮会怎样？

如果氮肥不足，就会使马铃薯植株长得矮，长势弱，叶片小，叶色淡绿发灰，分枝少，开花早，下部叶片提早枯萎和凋落，降低产量。

⑨马铃薯氮过量会怎样？

如果氮肥过量，则会引起植株疯长，叶片相互遮蔽，光合效率受到严重影响，降低块茎产量和干物质含量。匍匐茎"窜箭"，降低块茎形成数量，延迟结薯时间，造成块茎晚熟和个小，使块茎的干物质含量降低、淀粉含量减少等。氮肥过多的地块所生产的块茎，不好贮藏，易染病腐烂。另外，氮肥过多还会导致枝叶太嫩，容易感染晚疫病，造成更大的产量损失。

⑩马铃薯缺磷有啥危害？

如果缺磷，马铃薯植株生长缓慢，茎秆矮，叶片小，老叶脉带紫红色，严重时叶片呈紫红色，叶片边缘有半月形坏死斑，下部叶片脱落，块茎内部出现褐色锈斑，煮熟时锈斑发脆，影响食用。

⑪马铃薯缺钾有啥危害？

早期叶色不正常，叶片暗绿色、蓝绿色，叶片小，聚集到一起，卷曲，较老叶片先变成青铜色，然后从边缘开始引起坏死。节间变短，植株矮小，主茎细弱弯曲。生长点受影响，有时会发生顶枯。根系发育受阻，匍匐茎变短，块茎和产量下降。有坏死叶片的植株的块

茎脐端也会发展成坏死、褐色的凹陷斑。块茎切开易褐变，煮熟后薯肉呈灰黑色。

⑫马铃薯施肥量和浇水有啥关系？

浇水较多的沙土地，肥料易流失，需要加大施肥量，分多次追肥最好，需水量较小的黏土，底肥一次施足最好，因为后期浇水少，追肥比较难。

马铃薯常见生理病害汇总

就像人和动物会生病一样，植物也会生病。农业生产上，作物生病的原因很多，除了病毒、真菌、细菌、放线菌的感染外，也会因营养元素缺乏或环境污染引起庄稼生病。植物生病后会表现为变色、坏死、腐烂、萎蔫、畸形等症状。但并不是所有植物生病后一定要同时出现那么多的症状，如果出现了一种或者两种以上，都是比较严重的病害。农作物的病害若大面积发生，常使国家经济和人民生活遭受严重损失。有些患病作物还会引起人畜中毒。一些优质高产品种往往因病害严重而被淘汰。

马铃薯虽然耐寒抗旱，而且能忍受贫瘠，具有顽强的生命力，被誉为作物界的"小强"，但都是从土里长出来的，生病也是常见的事。人常见的病是感冒发热，肠胃不适，马铃薯的常见病则是不结或结薯少，块茎变性等。马铃薯的病害通常有晚疫病（真菌）、环腐病（细菌）、退化病（病毒）、疮痂病（放线菌）等。除此之外，马铃薯还可发生一些生理性病害，即非病原菌引发，而是由于自身生长环境、栽培措施不当以及其他物理、化学因素所致，通常表现为徒长、冻害、青皮、畸形、窜箭、空心、黑心、淀粉溢出与块茎裂等。

①徒长

一般发生在幼苗期到结果前，植株严重拥挤，枝叶互相遮蔽，茎秆纤细，茎节突出，节间长，叶片薄而色淡。原因：土壤相对湿度80%以上或空气湿度高于50%～60%；或连续阴雨天，光照不足；或温度过高（30℃以上）、昼夜温差小，尤其是夜间温度在15℃以上。另外，栽培密度过大，或施肥量过大，尤其是氮肥用量过大，也会造成徒长。预防措施：除科学控制肥水和温度以外，还要合理密植；当植株有徒长现象时，可适当控旺，尽量少用多效唑类药剂（多效唑、烯效唑），推荐苯甲丙环唑，可起到控旺防病的作用，在现蕾到初花期，也可使用矮壮素等进行叶面喷施控旺。

②冻害

苗期生长过程中，如遇0℃左右低温，就会发生霜害或冻害，其受害程度取决于低温和其持续时间，受冻幼苗生长点或顶部叶片萎蔫变褐、干枯；冻害较轻时，叶片虽未萎蔫，但停止生长，表现皱缩、畸形，叶色黄绿，逐渐枯萎，之后从未受冻的茎节上再长出新的枝条。预防措施：适时播种；对秋季的初霜期，可根据天气预报，采取田间灌溉、熏烟防霜的方法；冻害严重的植株要及早喷施促进生长的激素，如赤霉素等。

③畸形

畸形薯，比如哑铃薯、念珠薯、芽条薯等，主要是由二次生长造成的。二次生长的主要原因是高温（25℃）干旱，或高温干旱后突然降雨、浇水、降温，使原本停止生长的块茎又处于适宜的生长条件下，再次生长；另外，土壤干旱，或有机肥施用不足、土壤板结以及种植密度过大，都会影响薯块均匀膨大，造成畸形。预防措施：主要是在品种选择和温度、水分控制方面进行科学管理。

④青皮

马铃薯块茎发青被称为青皮病，由于薯块在阳光照射下表皮组织产生叶绿素所致。当马铃薯栽植过浅接近地面结薯，随着薯块膨大或土面干裂，使块茎暴露出地面形成青皮；另外，新收获的马铃薯在存储时遇光也会产生青皮。预防措施：播种深度合理，注意培土，种植密度适宜，割秧后立即收获，并避免阳光直射。

⑤窜箭

表现为秧苗长势强壮，但是地下未形成薯块，而且地下匍匐茎未成薯而窜出地表形成枝条。其原因为温度太高〔如高温环境（25℃以

上），或撤膜时间太晚，或昼夜温差较小］，或培土过晚和太浅，或追肥时间太晚，或氮肥施用量过大。预防措施：除加强温度和肥水管理以外，还要进行合理培土，一般要培土2次，现蕾初期匍匐茎顶端开始膨大时进行第一次培土，培土厚度为3～4厘米，第二次培土在马铃薯盛花膨大期，培土厚度为4～5厘米。

⑥淀粉溢出与块茎裂口

收获时常常可见有的块茎表面出现"白点"或"疙瘩"或薯皮溃疡现象；裂口是指在块茎表面有一条或数条纵向裂痕，裂口的宽窄长短不一。块茎在迅速生长阶段，受旱未能及时灌水和追肥，或长期处于高温高湿和高温干旱条件下，块茎的淀粉向表皮溢出，出现"白点"或"疙瘩"或薯皮溃疡。有的由于内部压力超过表皮的承受能力而产生了裂缝，随着块茎的膨大，裂缝逐渐加宽，有时裂缝逐渐"长平"，收获时只见到"痕迹"。其原因主要是土壤忽干忽湿，块茎在干旱时形成周皮，膨大速度慢，潮湿时植株吸水多，块茎膨大快而使周皮破裂；此外，膨大期肥水偏大，也易引起薯块外皮产生裂痕。预防措施：在块茎膨大期适时浇水排涝，保障土壤有适度的含水量和透气性。

⑦空心

空心病多发生于块茎的髓部，空心多呈星形放射状或扁口形，有时几个空洞可连接起来，洞壁呈白色或棕褐色，外部无任何症状，一般大块茎易出现空心现象；而且在发生空心之前，其组织呈水渍状或透明状，像开水烫过一般。其根本原因是块茎膨大速度过快，块茎中部物质被转移或被其他部位所吸收，导致内部空心，比如突然遇到极其优越的生长条件或膨大期间肥水过大等；另外，种植密度过小和钾肥供应不足，也是导致空心率增高的一个因素。预防措施：可采取合理密植，增加植株间竞争，阻止块茎过快生长，同时做好水肥管理，使薯块正常生长。

⑧黑心

其症状多出现在块茎内部，切开块茎后，可见中心部位呈现黑色或褐色不规则斑块或斑纹，变色部位轮廓清晰，但形状不规则；贮藏过程中，发病严重时，黑色部分延伸到芽眼部位，薯皮局部变褐色并凹陷，易受细菌感染发生腐烂。产生黑心的主要原因是高温和通风不良导致块茎内部供氧不足，如在36~40℃经1~3天即可发病。预防措施：贮藏时注意选阴凉处、通风处，装袋要透气。

⑨**块茎皮孔裸露**

正常情况下，马铃薯块茎的皮孔很小，不明显。马铃薯块茎膨大期或收获前，土壤水分过多或贮藏期间湿度过大，透气不良，块茎得不到充足的氧气进行呼吸或气体交换，皮孔胀大突起，皮孔周围的细胞裸露，既影响块茎的商品品质，又易被细菌侵入，导致腐烂。预防措施：在马铃薯生育期间要高培土、高起垄；生育后期要控制浇水，多雨天气及时进行排水，避免田间积水，收获后的块茎要进行预贮，贮藏期间适当通风，避免窖内湿度过大。

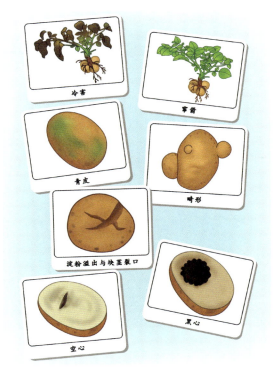

马铃薯生理病害图谱

亦蔬亦粮多面食材

马铃薯的丰富『内涵』

马铃薯块茎中不仅淀粉含量丰富，可以提供人体日常所需的能量，还富含多种营养物质，被誉为『地下苹果』『第二面包』『珍贵作物』『地梨』『生命之果』等，可谓十全十美的食物。它既可作为蔬菜，也可作为主粮。

人类是杂食性动物，不同的食物在人体中各司其职，发挥着不同的功效，担负着不同的使命。

醋熘土豆丝、地三鲜、干锅土豆片、铜锅洋芋饭，以及各种食材炖土豆……，这些都是中国人餐桌上的家常菜肴。在中国，马铃薯多以蔬菜的形式出现，可是在很多国家和地区，如英国、德国、法国、俄罗斯、南美、北美等，马铃薯作为名副其实的主食已经有很长的历史了。

马铃薯块茎中不仅淀粉含量丰富，可以提供人体日常所需的能量，还富含多种营养物质，被誉为"地下苹果""第二面包""珍贵作物""地梨""生命之果"等，可谓接近十全十美的食物。它既可作为蔬菜，也可作为主粮。因为马铃薯含有品质优良的淀粉、B族维生素和维生素C，同时它还是一个矿物质宝库，从一些研究机构或文献披露的数据可知，马铃薯中有些矿物质的含量甚至高出水果的几倍至几十倍。此外，它还富含膳食纤维，有利肠道健康。美国农业部研究中心341号研究报告曾指出："作为食品，全脂牛奶和马铃薯两样便可以提供人体所必需的营养物质。"

既满足供能要求，又可提供多种营养物质，马铃薯已具备成为优秀主粮的资质。形象地说，就是在饭桌这个舞台上，它完全可以跟大米、白面平起平坐，而且比大米、白面更"全能"。

1　食物的营养使命

所有的生物体都是由有机物构成的，然而在自然界中，环绕我们的，还有大量的无机物。每个生物体都需要由一定数量的糖类、蛋白质、脂肪、核酸等生物大分子以及其他各类有机物小分子，共同构建自己的身体。而且有机生物体还需要与周围环境进行沟通，或将自然界中无机物转化为自身所需的有机物，或直接利用其中的有机物，产生供机体活动所需的能量。同时，随着身体各组织结构的更新，生物体会分解掉旧的物质，替换成新的物质，这个过程叫做新陈代谢。

植物的策略

植物采取的策略是，利用自然环境中的无机物质，由自己来合成全部有机物。植物通过叶绿体中的光合作用，利用太阳光的能量，将叶片从空气中吸收来的二氧化碳与根部从土壤里吸收上来的水，合成有机物葡萄糖之后，把葡萄糖作为基本的供能物质，进一步将以根部为核心的植株各部位吸收过来的无机物，通过一系列的生物化学反应转化为各种各样的有机物，用以构建植物的生命体，并维持日常新陈代谢所需。

动物的"捷径"

动物的皮肤细胞里没有叶绿体进行光合作用，不具备从无机物合成所需全部有机物的强大能力，所以动物们只能"走捷径"，以其他生物体已经合成好的有机物为原料，进一步合成自身所需的全部有机物质。这就是动物为何要吃东西的根本原因。

人类的"杂食"——不同食物合理搭配的膳食平衡

人类虽然自称万物之灵长，但是在生物学本质上和其他动物并无多大的不同。

作为一种灵长目的动物，人类和其他动物一样都要进食。但若是像狮子和老虎一样食肉，或是像牛羊一样食草，不仅受到牙齿构造和消化道的长度的影响，还受到自身某些新陈代谢路径的约束。

人类既有适合撕咬肉类的犬齿，又有适合咀嚼植物类食物的臼齿。但人类的犬齿没有像肉食动物的那样锋利，臼齿也不如草食动物的耐磨。人类的肠道，比食草动物的短，比食肉动物的长。恪守"上天安排"的结果，人既做不成食肉的"专家"，也没法成为吃草的"达人"，只能肉食和草食通吃，做个"通才"，也就是杂食动物。

植物利用光合作用合成新陈代谢所需的供能物质，而动物则利用植物合成好的有机物满足自身新陈代谢所需，人类是万物之灵长，由自身生理特点和代谢路径决定成为肉草通吃的杂食动物

　　实际上，牙齿与消化道都是食肉、食草等进食习性引起的形态结构上的外在适应，真正决定某种动物进食特性的是其身体的新陈代谢方式，也就是利用外部物质时的分解与合成能力，这往往涉及基因等分子层面的差异。

　　一种食物对某种动物是美味儿，而另一种动物则几乎完全不能消化；甚至一种动物的美味，可能是另一种动物的毒药，是谓甲之蜜糖乙之砒霜。比如，巧克力是人类的美味，对狗和其他几种动物却是致命的。巧克力由可可豆加工而成，里面含有多种甲基黄嘌呤的衍生物，如可可碱，人类能通过新陈代谢分解掉可可碱，狗的消化系统却没有这个能力，于是甲基黄嘌呤刺激狗的中枢系统，使其心率骤然升高，从而引发心力衰竭、癫痫、呕吐、昏迷等症状。

　　为什么小猫咪爱吃小鱼和老鼠？那是因为猫吃鱼和老鼠，除了能获得蛋白质等营养素外，还能获取一种称为牛磺酸的氨基酸。牛磺酸是一种含硫的氨基酸，不像很多氨基酸一样参与人体内蛋白的生物合成，而是以游离状态存在，调控胱氨酸和半胱氨酸的代谢。在猫的体内，牛磺酸可以促进脂肪和脂类物质的吸收，维护猫咪敏锐的视觉、正常的繁殖、免疫和神经系统功能。但是猫科动物的体内由于缺乏合成牛磺酸的限速酶——半胱亚黄酸脱羧酶，不能以蛋氨酸和半胱氨酸为原材料合成牛磺酸，需要从动物蛋白中获取。那么，哪些食物里牛磺酸最多呢？牛磺酸广泛分布在老鼠等哺乳动物的组织细胞内，在鱼类等海洋动物里也同样含量丰富，所以猫咪爱荤腥有着生命科学上的理由。对猫来说，牛磺酸是一种必备的氨基酸。

　　同为哺乳动物的人类肝脏内含有半胱氨酸亚硫酸羧酶，可以合成一部分牛磺酸，但是合成的数量不足以满足人体的生理需要，还需要从食物中摄取。对人类来说，牛磺酸是条件性必备氨基酸。这就解释了人为什么必须要食用一定量的动物食品。

　　从生理学角度看，出现在人类餐桌上的食品，都有其出现的理由。因为人体需要的40多种营养素，以及一些有益健康的营养物质，必须从日常的饮食中获得。

　　大米、面粉、玉米等作为主食，为人体提供碳水化合物，是人体的主要能量供应商；鱼肉蛋奶等动物性食品，为人体提供蛋白质和脂肪，是宏量营养素的供应商，同时也可为人体提供能量；蔬菜和水果等植物性食品，主要提供膳食纤维，并且是维生素和矿物质等微量营养素的供应商，其中豆类食品还提供植物性蛋白质，与动物性蛋白质互为补充。

　　任何一种食物都不具备提供人体所需的全部营养素的能力，每种食物都有它的营养特点，把不同种类的食物按照一定的配比合理搭配，才可能达到膳食平衡。

　　那么，在人类的食谱中，马铃薯担负着何种使命呢？

② 马铃薯的主粮担当

在您的餐桌上，马铃薯是主食，还是菜肴？不同国家、不同地区的人，有着不同的答案。

别拿土豆不当干粮，马铃薯在其营养结构上有着可与小麦、水稻等传统主粮相媲美的强大实力，完全担当得起主粮的职责。

我们通常所吃的食物，都具备三个功能。最基本的功能是构成人体基本组织，作为人体活动所需热量的来源，担任"补给营养"的角色，这称为第一功能。第二功能则是让人们享受到味道，并因此享受生活的乐趣。此外，食物里含有的营养成分能提高免疫机能，担任"调节身体状况"的角色，这就是所谓第三功能。虽然食物都具备这些功能，但是不同食物所肩负的责任各有侧重，譬如苹果，主要发挥的是向人体补充维生素C和可溶性膳食纤维的作用。具体到主粮，主要是肩负为人体提供能量的职责。

一种食物能否被称为是主粮，主要是看它的供能本领，其必须要有为人体提供每日所需大部分能量的能力。世界卫生组织建议，在碳水化合物、蛋白质、脂肪三大供能营养物质中，碳水化合物提供的能量应占到人体所需能量的60%～65%。

碳水化合物是最易获取的供能营养素

碳水化合物（carbohydrate）是由碳（C）、氢（H）和氧（O）三种元素组成的一大类有机大分子，由于大部分这类物质所含的氢与氧的比例和水（H_2O）一样为2∶1，故将这三种元素组成的此类物质称为碳水化合物，如在葡萄糖$C_6H_{12}O_6$中，氢和氧的比例为2∶1。通用化学表达式为$C_n(H_2O)_m$。碳水化合物是为人体提供热能的3种主要的

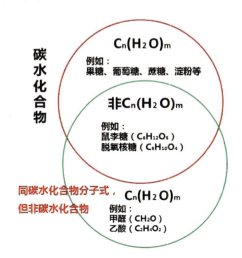

营养素中最易获取的营养素。当然，随着人类认识的不断进步，科学家发现有些化合物按其构造和性质应属于碳水化合物，可是它们的组成并不符合 $C_n(H_2O)_m$ 通式，如鼠李糖（$C_6H_{12}O_5$）、脱氧核糖（$C_5H_{10}O_4$）等；而有些化合物如甲醛、乙酸（$C_2H_4O_2$）、乳酸（$C_3H_6O_3$）等，其组成虽符合通式 $C_n(H_2O)_m$，但结构与性质却与碳水化合物完全不同。可见，碳水化合物这个名称并不确切，但因使用已久，迄今仍在沿用。

食物中的碳水化合物分成两类：一为人体可以吸收利用的有效碳水化合物，主要为单糖、双糖和多糖等各种糖类，多糖中比较常见的是淀粉；二为人体不能消化的无效碳水化合物，如纤维素，但也是人体所必需的物质。

碳水化合物含量是马铃薯挑起主食大梁的基础

碳水化合物广泛存在于米、面、薯类、豆类和各种杂粮中。新鲜马铃薯中的碳水化合物含量平均为18%左右，但是若加工成马铃薯全粉，其中的碳水化合物含量则大大提高，接近80%，与大米中的碳水化合物含量不相上下，略高于小麦与玉米。由此可见，脱水马铃薯及马铃薯全粉的热量与稻米、小麦及玉米旗鼓相当。马铃薯块茎中的主要碳水化合物为淀粉，其含量为13.2%～20.5%，并兼有直链和支链两种结构型。

马铃薯被称为第四主粮作物，将与大米、小麦、玉米共同挑起餐桌上的主食大梁

可见，无论是鲜马铃薯，还是马铃薯主食产品，其中碳水化合物的含量，使其完全承担得起主粮责任。是栋梁总会有担当责任的时候，可以想见，在不久的将来，马铃薯主食将同米饭、馒头一道，成为我们餐桌上主食的主角，将挑起主食大梁。

那么，为什么马铃薯能被选作是第四主粮呢？

想要回答这个问题，首先我们要对每100克食物所含的能量密度进行了解。

低脂、低能量密度，饱腹不胖人

食物是否易使人发胖，食物的能量密度是一个很重要的指标，食用低能量密度的食物能够在保持饱腹感的同时，又不会摄入过多的能量。100克鲜马铃薯的能量密度仅为323千焦，远低于大米、小麦及玉米。

马铃薯较低的能量密度得益于较低的脂肪含量，这是马铃薯与其他谷类食物的最大区别。据测算，100克鲜薯的脂肪含量为0.2克，全粉中仅为0.5克。而100克大米、小麦中的脂肪含量分别为0.8克、1.3克，玉米的脂肪含量则是鲜薯的近20倍，是全粉的近8倍，为3.8克。

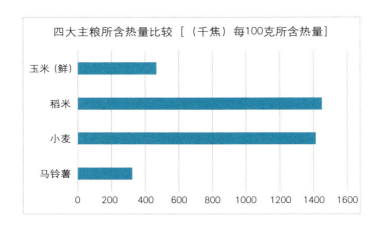

脂肪摄入大幅增加是近年来居民膳食结构失衡的重要原因之一，过多的脂肪摄入，大大增加了我国居民肥胖、心血管疾病及许多慢性病的发病率和死亡率。马铃薯的脂肪含量低于其他主粮，长期食用可降低人体脂肪摄入，优化居民膳食结构。

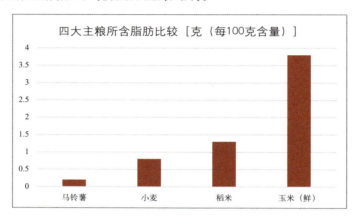

四大主粮所含脂肪比较［克（每100克含量）］

相对高的膳食纤维含量可减少慢性病发病

其次，也要关注食物的膳食纤维含量。马铃薯块茎内含有0.6%～0.8%的膳食纤维，比大米、小米和小麦粉含量高2～12倍。

膳食纤维是来源于植物性食物中的一种多糖。和食物里的其他营养成分不一样，膳食纤维是消化道里的"过客"，不能被胃肠道消化分解，也不能被人体吸收，在过去的很长时间里，被看做是一种"无营养物质"。但是现在科学家发现，膳食纤维的"无用"正是它的有用之处，营养学界已经将其认定为在传统的六类营养素——蛋白质、脂肪、碳水化合物、维生素、矿物质与水之外的第七类营养素。在20世纪60年代，几位英国医生曾联合研究并发文称，某些非洲国家的居民糖尿病、高脂血症等疾病的发病率明显低于欧美国家的居民，与前者经常食用高纤维食物，日均粗纤维摄入量高达35～40克，而后者的日均膳食纤维摄入量仅为4～5克有着直接关系。

不同来源的膳食纤维在水中的溶解性不同，膳食纤维又分为可溶性膳食纤维和不可溶性膳食纤维，两大类膳食纤维的生理作用各不相同。

可溶性膳食纤维一般来源于果胶、藻胶、魔芋等。可溶性膳食纤维具有很强的吸水性，在胃肠道内和淀粉等碳水化合物交织在一起，并延缓肠道对葡萄糖的吸收，可以降低餐后血糖，防止餐后血糖骤然升高。

不可溶性膳食纤维来自全谷类食物，如麦麸、麦片、全麦粉、糙米、燕麦、豆类、蔬菜和水果等。不可溶性纤维可促进胃肠道蠕动，加快食物通过胃肠道，减少吸收，在大肠中吸收水分软化大便，防治便秘。

适度地食用膳食纤维含量高的食品，可以抗腹泻、治便秘、控制体重、降低血糖，并预防和治疗肠道憩室病以及肠癌。目前，我国城市居民日常膳食中，受贫困时期饮食习惯所限，人们普遍认为吃上白米白面等细粮就是好生活，导致脂肪摄入比例较高，相应地富含膳食纤维的主粮作物摄入量被降低，所以生活越来越好，纤维摄入量越来越少。由此造成了近年来肥胖症、糖尿病、高脂血症等所谓"现代文明病"的发病率越来越高，而肠癌、便秘、肠道息肉等病症的发生也与日常饮食中膳食纤维摄入过少有关。

膳食纤维的这种可以调整肠内环境、避免发生便秘、能降低胆固醇及血压的特征，就是现代人经常说的"保健作用"，已经被广泛运用在医学保健与治疗中了。

马铃薯不仅在提供能量上不输传统主粮小麦、大米和玉米，而且还兼备了低脂肪、高膳食纤维提供者的功能。所以，马铃薯主食化推广，可以有效降低居民现有饮食结构中的脂肪含量，可以有效缓解我国目前日益严重的因脂肪摄入量过高而引发各种慢性病高发的问题。

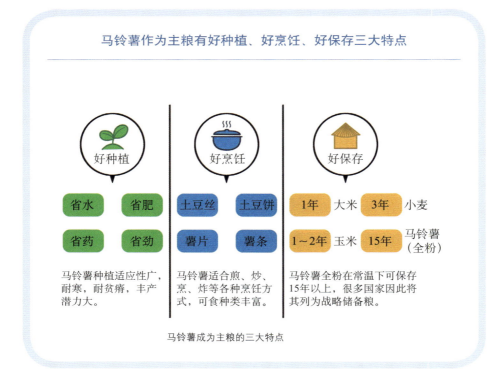

马铃薯成为主粮的三大特点

3　马铃薯蛋白质媲美鸡蛋

马铃薯块茎的营养好不好？回答这个问题涉及营养学的方方面面知识。

评价一种食物的营养价值，蛋白质很重要，因为它是生命的物质基础。但是不同食物中所含有的蛋白质，不仅含量不同，而且其组成蛋白质的氨基酸种类与配比更是大有学问，所以食物中蛋白的优劣决定了该食物的营养价值。

这里，我们就从蛋白质的角度，回答马铃薯的块茎营养价值的问题。

蛋白质是什么

我们知道，蛋白质是生命的物质基础，是有机大分子，是构成细胞的基本有机物，是组成人体一切组织的重要成分，是生命活动的主要承担者。可以说，没有蛋白质就没有生命体。

蛋白质的基本组成单位是氨基酸。一个个相同或者不同的氨基酸按照一定的次序排列组合首尾连接，脱水缩合就组成了一条条的肽链。一条或者多条肽链通过氢键聚合在一起，组成了各种各样的蛋白质。

在人体的消化道内，蛋白质的结构遇到了消化液，先是分解为小肽链，最终分解为各种氨基酸。消化分解后的氨基酸进入肠道内壁的血管中，被运送到全身各处，作为人体生长发育与组织更新的原材料，合成人体所需蛋白质，同时新的蛋白质又在不断代谢与分解，时刻处于动态平衡中。饮食影响人体，饮食中蛋白质含量过低，会让成年人全身水肿，儿童发育不良。

蛋白质究竟有多重要

蛋白质占人体重量的16%～20%，即一个60千克重的成年人体内有蛋白质9.6～12千克。人体每一个细胞的重要组成部分以及人体每一项重要的生理功能，都必须要有蛋白质参与。那蛋白质到底有多重要呢？我们还是先看一看蛋白质的功能吧，只有了解了蛋白质的这些基本知识，你就知道蛋白质有多重要了！

蛋白质像砖瓦水泥一样构建了我们的身体

肌肉、骨骼、大脑、内脏、血液、神经、皮肤……甚至毛发，人体的每个组织和细胞中，蛋白质都是其主要构成成分。现代人形容原始人生活艰难、缺衣少食时，经常会说他们处于"茹毛饮血"的阶段，按现代营养学来看，血是高蛋白，有这么营养的食物，难怪他们能在那样恶劣的环境中生生不息呢。

蛋白质像列车一样运输着营养物质

人吃进去的食物，经消化吸收后，要作为营养物质运送到全身各处；承担不同生理功能的细胞所合成的各类物质，也运送到相应的目标器官或者组织；呼吸进来的氧气，也要运送到全身各处；还有每个细胞和组织新陈代谢中产生的废弃物，也要运送到肾脏，最终排出体外……

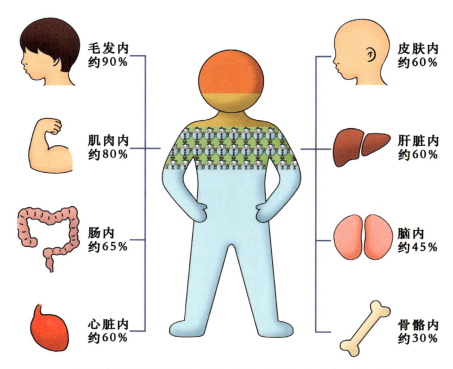

毛发内
约90%

皮肤内
约60%

肌肉内
约80%

肝脏内
约60%

肠内
约65%

脑内
约45%

心脏内
约60%

骨骼内
约30%

蛋白质是构建我们身体的砖瓦水泥，体内组成成分和各部位的蛋白质比例

这些运输工作，有些仅仅将待运物质溶解在血液中即可完成，但是对于糖、氨基酸、核苷酸等一些重要的物质来说，则需要特定的蛋白质"保镖"专程护送，这些蛋白质被称作载体蛋白。载体蛋白对于维持人体的正常生命活动至关重要，比如血红蛋白就是运进氧气、运出二氧化碳的红色小汽车，脂肪在血液中也有专门的脂蛋白承担其运输，而细胞膜上还有各种载体蛋白负责运送物质出入细胞内外。

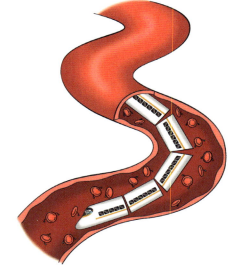

蛋白质是运送身体所需营养的高铁

蛋白质像贴身卫士一样守护着人体的健康

当人体遇到病毒、细菌以及其他有害物质的入侵时，并不是消极地坐以待毙束手就擒，而是会通过免疫系统奋起反抗。这些反抗志士，很多也是蛋白质，如抗体是免疫球蛋白、补体、干扰素等。当蛋白质充足时，这个部队就有强大的战斗力，在需要时，数小时内做好参战动员，扩充兵力100倍。

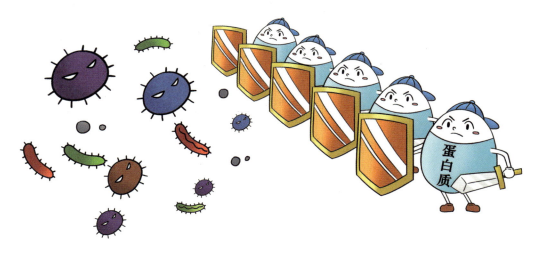

蛋白质是人体抵御外来病菌的卫士

蛋白质像生化专家一样介导着生物化学反应

人体细胞内每分钟要进行100多次生化反应。如果在化工厂，这些反应往往需要高温高压等苛刻的条件，然而在人体的常温条件下，这些生化反应在各种酶的帮助下，得以顺利快捷地进行。这些酶绝大部分都是蛋白质。

此外，白蛋白还能维持机体内的渗透压平衡，维持体液的酸碱平衡。胰岛素、生长激素等蛋白质则调节体内各项生理功能的正常进行。蛋白质也维持着神经系统的正常功能，包括味觉、视觉和记忆等。

马铃薯蛋白质真正好

有了这些蛋白质的相关知识做基础，我们就能更好地理解"马铃薯蛋白质真正好"这句话了。

蛋白质是保证人体生化反应正常进行的催化剂

①马铃薯蛋白质含有人体必需的所有氨基酸。在马铃薯含有的18种氨基酸中，有8种氨基酸是成年人的必需氨基酸。它们分别是赖氨酸、色氨酸、苯丙氨酸、甲硫氨酸、苏氨酸、异亮氨酸、亮氨酸、缬氨酸。这些必需氨基酸是人体不能合成或合成速度不能满足人体需要，必须从食物中摄取的。此外，组氨酸是幼儿生长发育期间的必需氨基酸，精氨酸、胱氨酸、酪氨酸、牛磺酸为早产儿所必需。

②马铃薯蛋白质营养价值高。据不完全统计，马铃薯中蛋白质含量为1.6%～2.1%，薯干中蛋白质含量为8%～9%，且蛋白质的质量与动物蛋白接近，可与鸡蛋媲美。据研究，马铃薯的蛋白质品质相当于鸡蛋的蛋白质，容易被人体消化吸收，优于其他主粮作物。

4 马铃薯所含维生素和矿物质直追水果和蔬菜

马铃薯在供能水平上"秒杀"了大米、小麦等主粮作物；在蛋白质品质上比拼了肉、蛋等动物性食品。在宏量营养素方面，马铃薯占据上风。更值得称道的是，除宏量营养素外，马铃薯还含有丰富的矿物质、维生素和植物化学物质等营养成分。作为主粮的马铃薯也可以与水果和蔬菜一较高下。

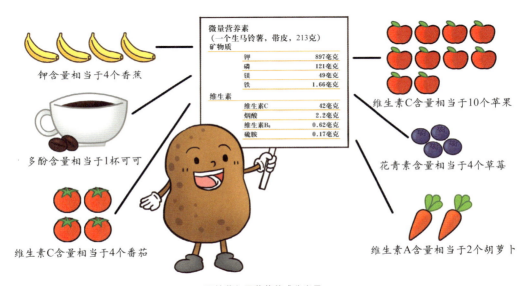

钾含量相当于4个香蕉

多酚含量相当于1杯可可

维生素C含量相当于4个番茄

微量营养素 (一个生马铃薯，带皮，213克)	
矿物质	
钾	897毫克
磷	121毫克
镁	49毫克
铁	1.66毫克
维生素	
维生素C	42毫克
烟酸	2.2毫克
维生素B₆	0.62毫克
硫胺	0.17毫克

维生素C含量相当于10个苹果

花青素含量相当于4个草莓

维生素A含量相当于2个胡萝卜

马铃薯与果蔬营养成分当量

认识一下矿物质

矿物质是人体必需的七大营养素之一。在化学元素周期表的100多种元素中，除了碳、氧、氢、氮等主要在人体内以有机物的形式存在以外，还有60多种在人体内或多或少地存在。这些元素参与构成人体组织，并在维持正常生理功能过程中发挥着不可或缺的作用，被统称为矿物质。其中钙、镁、钾、钠、磷、硫、氯7种元素含量较多，约占矿物质总量的60%～80%，称为宏量元素。其他元素如铁、铜、碘、锌、锰、钼、钴、铬、锡、钒、硅、镍、氟、硒共14种，存在数量极少，在机体内含量为0.01%～0.005%，被称为微量元素。

人体需要矿物质，但是人体自身无法产生、合成矿物质，矿物质必须通过食物来获得，并且每天摄入的矿物质量应在一定范围内，不能太少，也不能过多。目前科学家已经基本上确定了人体每天需要的各种矿物质的剂量范围。

矿物质是越多越好吗？

我们以大家最熟悉的矿物质食盐为例，看看矿物质是如何影响人体的运转。我们谁也离不开盐，就像离不开水和空气一样，盐是自然资源中最重要的生命必需品之一。长期不吃盐，人就会没有力气。这是因为，身体需要食盐中的钠元素和氯元素。食盐的化学成分是氯化钠，由40%的钠和60%的氯组成，正常人体所含的钠中40%在骨骼，50%在细胞外液，10%在细胞内液。细胞外液中含量最多的阳离子就是钠离子，它与钾离子一起，是维持人体内环境稳定即水、电解质、酸碱平衡以及器官细胞功能和神经、肌肉兴奋性的重要物质。体内缺钠，会影响细胞对氨基酸和糖的吸收，减少胃液分泌，引起生理功能紊乱，出现肌肉酸痛、周身乏力、精神萎靡、食欲缺乏和呕吐腹泻等症状。因此，如果长期不吃盐，身体得不到足够量的钠元素来执行它的使命，就会没有力气工作，严重时还会产生水肿，以至生命力衰竭而死亡。但是，如果吃了太多盐，血压就会升上去，也是不健康的。

所以，对人体来说，特定的一种矿物质，既不能多了，也不能少了，适量最好。

马铃薯富含钾、镁、钙、铁、锌

通过食物营养成分表可知，100克鲜马铃薯中，约含有钾342毫克、镁23毫克、钙8毫克，铁0.8毫克，锌0.37毫克、锰0.14毫克、铜0.12毫克、磷40毫克、钠2.7毫克、硒0.78毫克。

虽然马铃薯的钙、硫含量较低，但是富含钾。其钾含量几乎是蔬菜中最高的。上面谈到，钾离子对维持人体内水、电解质、酸碱平衡以及器官细胞功能和神经、肌肉兴奋性等有重要作用。富含钾的马铃薯，很适合肾病和高血压患者食用。

与其他蔬菜、水果比较，马铃薯中铁的含量也很可观。

马铃薯在科学管理栽培下，铁含量可远高于其他薯类作物，且马铃薯中铁的人体利用率也比其他蔬菜水果高。这得益于马铃薯中较高的维生素C含量以及较低的植酸含量。

铁元素有两种化合物价态，3价铁和2价铁，人体需要的是2价铁。维生素C是生物体内的强还原剂，可以将3价铁还原为2价铁，便于人体的吸收。有资料表明，马铃薯中维生素C的含量与马铃薯在胃液作用下生成的可溶性铁的数量成正比关系。此外，马铃薯的磷含量虽然高，但是仅有约8.3%的磷以植酸的形式存在。植酸可是微量营养素的"杀手"，可与钙、铁、锌等形成难溶的植酸盐，使这些矿物质由人体所需的微量元素变成不能被吸收利用的废品。

由于马铃薯中的植酸含量较低，故其中钙、铁、锌的利用率相对较高。例如，在小白鼠喂养试验中，以马铃薯为基质的食物中植酸的含量极低，100克食物中仅含有0.23毫克植酸。锌的利用率为97%；而用植酸含量为9.93毫克的谷物为食物基质喂养，锌的利用率只有23%。

锌到底有多重要？

锌是人体必需的微量元素之一。很多人补充或被补充过锌元素。那么锌到底有多重要呢？

锌是很多酶的组成成分，也是某些酶的激活剂。酶有多重要，锌就有多重要。酶是生命的催化剂，推动新陈代谢，促使一切与生命有关的化学反应顺利进行。可以说，酶是生命的助推剂，没有酶，就没有生命。

锌存在于很多酶的分子内部，促进其活性中心的构成，如碳酸酐酶、呼吸酶、乳酸脱氢酸、超氧化物歧化酶、碱性磷酸酶、DNA和RNA聚合酶等各种酶中，是核酸、蛋白质、碳水化合物合成和维生素A利用的必需物质。例如：锌参与糖代谢，每一个胰岛素分子内含有两个锌原子，锌与胰岛素的产生、分泌、贮存以及胰岛素的活性有密切的关系；参与红细胞运送氧气和二氧化碳的酶中也有锌；锌参与维生素A还原酶的合成及维生素A的代谢，提高暗光视觉，改善夜间视力；唾液内的味觉素，其分子内也含有两个锌离子，保证人的味觉和食欲；味觉素还是口腔黏膜上皮细胞的营养素。缺锌后，口腔黏膜上皮细胞就会大量脱落。人体缺锌，甚至出现异食癖。

缺锌影响生长发育。锌与核酸及蛋白质的合成有关；参与骨骼生长与营养物质代谢；维持皮肤正常生长；促进性器官发育。缺锌时易出现味觉嗅觉差、厌食、生长缓慢与智力发育低于正常等表现。长期缺乏锌，男子到了青春期，第二性功能低下，严重者可造成男性不育症。女性可出现月经不调或闭经。孕妇缺锌可造成胎儿畸形、脑功能不全。

锌可提高免疫能力，缺锌可造成机体内一些免疫功能降低，如呼吸道容易反复感染，皮肤易生癣等。锌被称为"生命之花""婚姻和谐素"。

锌有这么多、这么重要的功能，难怪成了摆在寻常百姓餐桌上每天必补的保健品呢。可是，俗话说得好，药补不如食补，正在忙着服用各种补锌制剂补锌的人们不妨多吃一些土豆。因为吃土豆，锌的生物利用度高，不但不用担心"是药三分毒"，而且还能充饥饱腹，增加膳食纤维，一举多得。

再来认识维生素

维生素，大家耳熟能详，可是你能说得清楚维生素到底是什么样的一类物质吗？

顾名思义，维生素就是维持身体健康所需要的一大类重要物质，一般为小分子有机化合物。人体对维生素的日常需要量很少，通常以毫克或者微克计算。维生素既不参与构成人体细胞，也不为人体提供能量，却是人体生长、代谢、发育必不可缺的，起着调节人体物质代谢的作用。人体缺乏某种维生素会引起相应的维生素缺乏症，从而产生健康问题。例如缺乏维生素A会引起夜盲症，缺乏维生素B_2可能导致口腔溃疡，缺乏维生素C能引起坏血病，等等。

马铃薯中维生素C含量很高

与其他果蔬相比，马铃薯块茎维生素C含量很高，大致是苹果的6倍，每100克马铃薯约含27毫克，在维生素C的指标上，大米、面粉等谷类作物只能望其项背，根本不可同日而语。一个成年人每天吃500克的马铃薯即可满足自身对维生素C的全部需要量。

此外，马铃薯块茎还含有丰富的B族维生素和维生素E，胡萝卜素含量也较高，这让不起眼的土豆在营养价值上不仅赢过大米、小麦和玉米三大主粮食品，甚至还可与很多水果蔬菜一较高下。

马铃薯及主粮食物能量和主要营养素含量比较（以100克计）

食物名称	水（克）	锌（毫克）	钾（毫克）	维生素B_2（毫克）	维生素C（毫克）
马铃薯鲜薯	79.8	0.4	342	0.04	27.0
马铃薯全粉	5.6	12.5	980	0.25	25.9
马铃薯丁	11.4	0.4	267	0	20.0
大米	13.3	1.7	103	0.05	0
小麦	10.0	2.3	289	0.10	0
玉米	12.5	1.8	281	0.10	0

注：马铃薯丁为脱水马铃薯丁；玉米为黄、干玉米与白、干玉米的平均值。

数据来源：根据《中国食物成分表（第2版）》（2009）中的相应数据整理而得。

5 马铃薯中植物化学物质中的佼佼者——花青素

你心目中的马铃薯是什么颜色的呢？白色？黄色？但实际上，马铃薯的颜色远非只有这两种，它不仅有红色、粉色，甚至还有深紫色、淡紫色、黑色、蓝色的，各色马铃薯放在一起仿佛一个五颜六色的调色盘，绚丽多彩，这些有色马铃薯统称为彩色马铃薯。

彩色马铃薯的块茎中含有多酚类化合物，如芥子酸、香豆酸、黄酮以及花青素和硒，有助于延缓衰老，提高人体抵抗力，具有较强的保健功能和药用价值，营养成分高于普通马铃薯。由于其色泽鲜艳，营养价值高，近年来我国也培植出一些彩色马铃薯品种，其中紫色马铃薯品种主要有紫洋、紫玫瑰等，红色马铃薯品种有红美、红云，另外还有蓝色马铃薯、黑金刚深色马铃薯品种。

你肯定会问，为什么马铃薯会如此色彩斑斓？

这是因为马铃薯中含有丰富的花青素。

什么是花青素

花青素是自然界广泛存在于植物中的水溶性天然色素，属类黄酮化合物，是花瓣和果实的主要呈色物质。花青素存在于植物细胞的液泡中，在不同酸碱度下，可以随着细胞液的酸碱性改变颜色，细胞液呈酸性则偏红，细胞液呈碱性则偏蓝。花青素的颜色受许多因子的影响，低温、缺氧和缺磷等不良环境也会促进花青素的形成和积累。自然界有超过300种不同的花青素。他们来源于不同种水果和蔬菜，如胭脂萝卜、桑葚、紫玉淮山、紫甘薯、越橘、酸果蔓、黑枸杞、蓝莓、葡萄、红接骨木、黑加仑、紫胡萝卜和红甘蓝，颜色从红到蓝。水果、蔬菜、花卉等五彩缤纷的颜色，大部分都有花青素的贡献。花青素可由叶绿素转化而来，秋天叶片中叶绿素被破坏，可溶性糖增多，细胞呈酸性，在酸性条件下花青素呈红色或紫色，所以花瓣和叶片呈红紫色，也是红叶出现在秋天的原因。

花青素的功能是清除自由基和抗氧化

那么，花青素具体有什么功效呢？花青素属于生物类黄酮物质，而黄酮物质最主要的生理活性功能是自由基清除能力和抗氧化能力，因而花青素是一种强抗氧化剂，这一点与维生素C相同。花青素清除自由基的能力是维生素C的20倍，维生素E的50倍，尤其是紫色甘薯花色苷产品对自由基（·OH）的清除能力甚至强于抗坏血酸。大约80%～90%的老化性疾病都与自由基有关，它会氧化和破坏人体细胞，使人生病、衰老和死亡。花青素可以保护人体免受自由基的损伤。此外，花青素可被人体100%吸收，服用20分钟后，血液中就能检测到，在酸性环境下稳定，半衰期长，可达27小时，功效持久。与其他抗氧化剂不同，花青素有跨越血脑屏障的能力，可以直接保护大脑中枢神经系统。花青素安全无毒，据实验一个70千克体重的人连续半年每日服用35000毫克的花青素也未发现不良反应。

中国培育的"玫瑰系列"马铃薯中花青素的含量达到或接近蓝莓

我国西北农林科技大学培育出的具有自主知识产权的"玫瑰系列"彩色马铃薯新品种红玫瑰1号、2号、3号，紫玫瑰1号、2号、3号，黑玫瑰1号、2号、3号、5号、6号，凌薯1号、2号（黄、白色）中的花青素含量达到或接近蓝莓的水平，是集营养、保健和天然色素于一体的新品种类型。

除含有普通马铃薯的碳水化合物、淀粉、蛋白质等营养成分，彩色马铃薯中维生素C、花青素和绿原酸等多酚类抗氧化活性物质含量丰富，具备粮食、经济及药用作物等的功能用途。因"德才兼备"，彩色马铃薯不断"跨界"，成为主粮、蔬菜与水果三界都非常受欢迎的宠儿。

含有花青素较多的马铃薯就会呈现出彩色

"植物化学物"是个新名词

植物化学物是植物体产生的次级代谢产物，主要是各种小分子有机化合物。要了解次级代谢产物，先要了解初级代谢产物，这两者都是生物体新陈代谢过程中所生成的有机化合物，只是产生的环节有所不同。

初级代谢产物是指绿色植物通过光合作用，将空气中的二氧化碳和根部吸收来的水分转化为糖类，生成的糖类进一步通过不同的代谢途径，产生合成遗传物质核酸的原料核糖、合成脂类的原料丙二酸单酰辅酶，以及合成蛋白质的原料氨基酸和维生素等各类植物自身生长和繁殖所必需的物质。现在也可以指这些代谢过程中关键的中间代谢物，如糖酵解中的丙酮酸、乳酸、乙醇，以及三羧酸循环中的 α-酮戊二酸、富马酸、草酰乙酸、柠檬酸和与此循环相关的衍生产物，如谷氨酸、丙氨酸、苹果酸及丁烯二酸等氨基酸和有机酸等。不同的生物种类中，初级代谢产物的种类基本相同。初级代谢产物的合成在不停地进行着，任何一种产物的合成发生障碍都会影响微生物正常的生命活动，甚至导致死亡。

次级代谢是植物在长期进化过程中对所处的生态环境适应的结果。在漫长的进化过程中，不同的植物总是合成不同的次级代谢产物，增加植物生存与繁衍的机会。初级代谢途径还衍生出次级代谢途径，次级代谢产物就是由次级代谢途径产生的各类小分子有机化合物，种类非常庞杂。这些化合物都有自己独特的代谢途径。次级代谢产物在植物的生长发育过程中并不是缺一不可的必需物质，但是却广泛地参与植物的生长、发育和防御机制，通常有着鲜明的种属、器官、组织和生长发育期的特异性。次级代谢产物在植物的生命过程中是重要的配角，没有它们，植物体的生命"这场戏"将难以达到完美，只能处于"苟活"状态，干巴巴的没啥看头。这就好比说，初级代谢物是骨架，次级代谢物是血肉，次级代谢物让生命变得丰满有趣有意义，起到了锦上添花的作用。

植物中的次级代谢产物大体可分为萜类、酚类和含氮化合物几大类，植物次级代谢产物是天然药物和工业原料的主要来源。人类已知的3万多种天然产物中有80%来自于植物次级代谢产物。

⑥ 优质的马铃薯淀粉

淀粉是植物储备的营养物质，它贮存于植物的种子、块茎及根里。植物中的叶绿素利用太阳光能把二氧化碳和水合成为葡萄糖，葡萄糖在磷酸化酶的作用下，把两个α–D–葡萄糖分子缩合成麦芽糖，麦芽糖再进行缩合，形成淀粉。植物生长成熟后，各种植物中淀粉的含量因品种、气候、土质以及其他生长条件的不同而不一样。即使在同一块地里生长同一种品种的不同植株，所含淀粉的量也不一定相同。谷物中含有的淀粉较多，大米约含淀粉80%，小麦约含70%，马铃薯中的淀粉含量大约在20%～35%。

淀粉的种类

从加工方式来看，淀粉分为原淀粉和变性淀粉。以谷类、薯类、豆类及各种植物为原料，不经过化学方法处理而生产的淀粉称为原淀粉；原淀粉经过某种方法处理，改变了其原来的物理或化学特征的淀粉则是变性淀粉。

从来源上看，淀粉可分为四大类：谷类淀粉、薯类淀粉、豆类淀粉和其他类淀粉，共100多种。

从组成来划分，可分为直链淀粉和支链淀粉两种。

从结晶性来看，所有的淀粉颗粒都具有共同的性质，即具有结晶性。根据天然淀粉 X-射线衍射图谱（XRD）的不同，可将淀粉的结晶形态分为 A型、B型、C型和 V型从颗粒及形状大小来进行分类，可分为A、B、C三种，A淀粉约25～40微米长，呈扁豆形；B淀粉15微米长，形状为多角形和圆形；C淀粉颗粒5～10微米大小，呈球形。

还有从消化时间上来对淀粉进行分类的。1992年，英国学者Englyst博士在体外模拟的条件下，依据淀粉的生物可利用性将淀粉分为3类：易消化淀粉（ready digestible starch, RDS），指那些能在口腔和小肠中被迅速消化吸收的淀粉（<20分钟），属于快速释放能量的高血糖食品；慢消化淀粉（slowly digestible starch, SDS），指那些能在小肠中被完全消化吸收，但速度较慢的淀粉（20～120分钟），可持续缓慢释放能量，维持餐后血糖稳态，防止出现胰岛素抵抗；阻消化淀粉（inhibit digestible starch），在人体小肠内缓慢消化（>120分钟）不被吸收的淀粉；不被小肠吸收的淀粉通称为抗性淀粉（resistant starch, RS），类似于膳食纤维只在大肠中被微生物发酵利用，促进肠道健康。

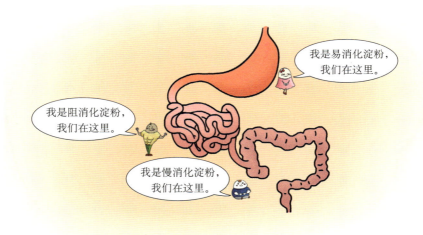

依据淀粉的生物可利用性将淀粉分为易消化淀粉、慢消化淀粉和阻消化淀粉3类

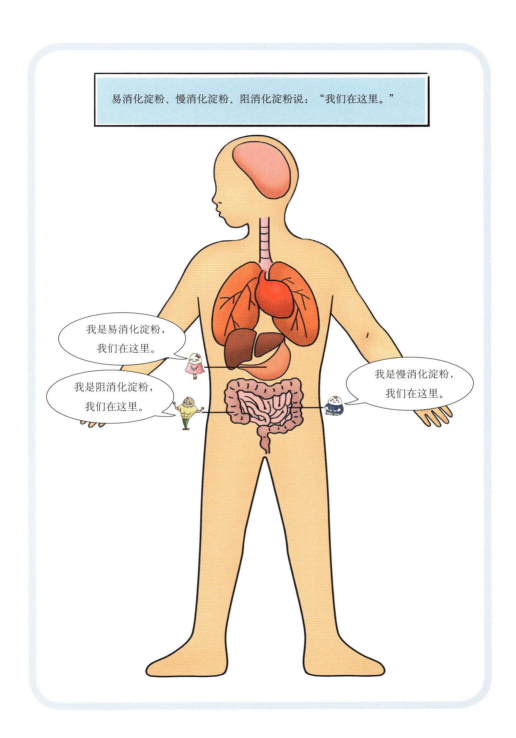

直链淀粉与支链淀粉

　　淀粉不是一个单纯的分子，而是一种混合物。它是由两种不同类型的淀粉组成，一种是直链淀粉，另一种是支链淀粉。从不同作物获得的淀粉中，其直链淀粉与支链淀粉的组成比例并不相同。

　　直链淀粉和支链淀粉在结构、性质以及化学反应活性方面有很大的差异。

　　直链淀粉和支链淀粉的分子大小都不是均匀一致的，并且分子之间大小差异很大。具有多分散性的特征。直链淀粉分子中的葡萄糖单元通过α−1,4−糖苷链连成长链，分子量在3万～16万范围内，这相当于分子中由200～980个葡萄糖单元连接而成。直链淀粉通过分子内氢链相互作用，使长链的分子卷曲成螺旋形的构象存在。螺旋的每一圈含有6个葡萄糖单元。卷曲成的螺旋形构象结构，在分子链上各极性基因的相互作用下再发生弯曲与折叠。

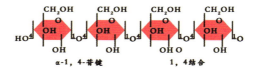

直链淀粉分子结构

　　支链淀粉的分子量比直链淀粉的大，分子量在10万～100万范围内，相当于分子中由600～6000个葡萄糖单元构成。支链淀粉分子中葡葡糖单元有由α–1.4–苷链连成的长链，还有由1,6–苷链连接成的分支，分支上又有由1,6–苷链连接成的分支，形如树枝状。分子中小分支的数目在50个以上，每一个小分支平均约含有20～30个葡萄糖单元。小分子中的这20～30个葡萄糖单元也通过分子内氢键的相互作用卷曲成螺旋形的构象。

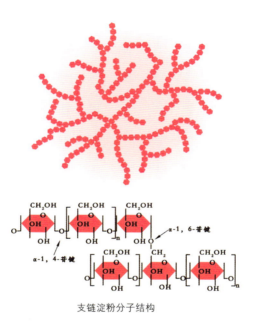

支链淀粉分子结构

　　由于直链淀粉与支链淀粉的分子结构不同，因而其理化特征也有区别。直链淀粉在溶液中分子伸展性好，容易通过氢键与极性化合物缔结；支链淀粉由于分子呈树状，存在空间障碍，不易与这些化合物形成复合体沉淀。

　　"回生"现象也跟淀粉的分子结构相关。回生是糊化的淀粉放置一定时间后出现凝沉的现象。其实质是糊化的淀粉分子链重新平行取向，靠氢键结合在一起，形成不溶于水的晶体结构。因而，直链淀粉由于其结构便于平行取向，容易结晶；而支链淀粉的高度支叉结构受到较强的相互抑制，在一般条件下难以形成胶体，增加了淀粉分子重新结晶的难度，因而不易回生。

直链淀粉和支链淀粉结构与性质比较

结构、性质	直链淀粉	支链淀粉
分子形状	直链分子	支权分子
聚合度	100 ～ 6000	1000 ～ 3000000
末端基	分子的一端为非还原末端基，另一端为还原末端基	分子具有一个还原末端基和许多非还原末端基
碘着色反应	深蓝色	紫红色
吸收碘量	19% ～ 20%	<1%
凝沉性质	凝沉性强，溶液不稳定	凝沉性很弱，溶液稳定
络合结构	能与极性有机物和碘生成络合物	不能
X-光衍射分析	高度结晶结构	无定形结构
乙酰衍生物	能支撑强度很高的纤维和薄膜	支撑的薄膜很脆弱

原淀粉与变性淀粉

　　马铃薯淀粉是马铃薯深加工制品的一种，普通马铃薯淀粉颜色洁白，并伴有晶体状光泽，气味温和。马铃薯淀粉是常见商业淀粉中颗粒最大的一种，粒径在15～100微米之间，在显微镜下观察，马铃薯淀粉呈圆形或椭圆形，通常还能观察到轮纹。马铃薯淀粉颗粒有较强的吸水膨胀能力，表现为淀粉糊黏度和透明度很高，与其他种类原淀粉相比，马铃薯淀粉还有糊化温度低的特点，利用这一特点可将其应用在某些方便食品中。

　　随着现代食品工业的发展，对食品原料的性能要求也越苛刻，单纯的原淀粉由于耐剪切能力较差等局限性，很难满足现代食品工业的要求，这往往需要求助于变性淀粉。

　　变性淀粉是通过化学、物理或生物等方法改变原淀粉性能的一种淀粉。马铃薯变性淀粉就是在马铃薯原淀粉基础上经过变性的淀粉，它不仅具备马铃薯原淀粉的优点，还可弥补其缺点。通常淀粉化学变性的方法有酯化、醚化、氧化和交联等，比如马铃薯氧化淀粉利用马铃薯原淀粉透明度高的优点，通过氧化提高淀粉的成膜性。这样的淀粉成膜性好、透明度高，用作食品被膜剂很有优势。再比如马铃薯交联淀粉利用马铃薯原淀粉吸水性强、增稠效果好的特点，通过交联提高淀粉的耐剪切能力，从而增强稳定性，可用于酱类食品，而且淀粉还可经过复合变性的方法提高淀粉的性能，因此完全可以相信马铃薯变性淀粉将有很大的生存、发展空间。

马铃薯变性淀粉的应用

随着变性淀粉工业技术的发展，以马铃薯淀粉为原料的变性淀粉吸引了人们越来越多的目光，用途越来越广。

变性马铃薯淀粉在甜品中的应用

在冰淇淋中使用马铃薯变性淀粉可代替部分脂肪提供结合水量并稳定气泡，使产品具有类似脂肪的组织结构，降低生产成本。这种变性淀粉主要是淀粉基脂肪替代品。

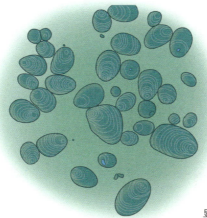

显微镜下的马铃薯淀粉颗粒

变性马铃薯淀粉在调味品中的应用

淀粉基脂肪替代品已经成功地应用于各种低脂肪食品中，这类物质对脂肪的替代率限制在50%～70%之间，大多被人体吸收后不会带来不良的生理效果。调味料包括辣椒酱、草莓酱、番茄酱等都需要使用增稠剂。使用马铃薯变性淀粉作为增稠剂，主要有两大优势：一方面比原来使用胶类作为增稠剂成本大大降低；另一方面稳定性好，长时间存放不分层，酱的外观有光泽，口感细腻。这类增稠剂可选用氧化淀粉，但交联酯化淀粉更为合适。

变性马铃薯淀粉在面制品中的应用

变性淀粉在新鲜面中的应用研究证明，加入面粉量1%的脂化糯玉米淀粉或羟丙基玉米淀粉，可降低淀粉的回升程度，使经贮藏的湿面仍具有较柔软的口感，面条的品质、溶出率等都得到改善。因变性淀粉的亲水性比小麦淀粉大，极易吸水膨胀，能与面筋蛋白、小麦淀粉相互结合形成均匀致密的网络结构，但加入过量会对面团有不利的影响。

变性马铃薯淀粉在饮料中的应用

在搅拌、均质处理或压力下，亲脂性淀粉会形成非常微小、稳定性极佳的乳胶体，这种物质可作为乳化液稳定剂，取代干酪素、明胶和阿拉伯胶在食品中的应用。除了能形成稳定的乳化液外，亲脂性淀粉能赋予乳浊液稳定性，用以代替阿拉伯胶在香精乳浊液和饮料乳浊液中应用，如橘子汁饮

马铃薯饮料

料、可乐饮料和冷冻果汁饮料等。这种淀粉能够提供多种优于传统胶囊剂的好处，例如，与阿拉伯胶相比，它在冷水中的分散能力较佳，能减少高达25%的胶囊剂用量，并且由于形成乳化液的能耗较少，节省了生产成本。

变性马铃薯淀粉在糖果中的应用

糖果中食用的变性淀粉主要有两大类：一类是凝胶剂，如牛皮糖中用的酸解淀粉；另一类是填充料并起着黏结剂的作用，如口香糖中食用的预糊化淀粉或变性预糊化淀粉。酸变性淀粉具有黏度降低、黏合力强、水溶性增强、糊液的透明性和热糊稳定性提高、凝胶能力增强、形成薄膜性能好的特点。这类淀粉主要用于糖果、胶冻软糖和胶姆糖的生产。

变性马铃薯淀粉在冷冻食品中的应用

在大多数冷冻食品中，变性淀粉的主要作用是增稠、改善质构、抗老化和提高感官质量。如汤圆经冷冻后皮易裂，不能反复冷冻融化，可在制作汤圆的糯米粉中添加5%左右的醚化淀粉起黏合和润湿作用，从而避免皮的破裂和淀粉回生，减少蒸煮时出现汤黏稠现象，降低汤内固形物量。

马铃薯雪糕

7 揭开马铃薯的减重机密

马铃薯淀粉含量高，常吃马铃薯会不会发胖？

与直觉相反，常吃马铃薯，不仅不会肥胖，还能减肥塑身。这主要是因为马铃薯是饱腹效果极好的低热量密度的食物，号称饱腹将军。

马铃薯是饱腹效果极好的低热量密度食物

有的食物吃了管饱，一上午都不饿；有的食物吃了不管饱，吃完没多久就饥肠辘辘，让人又想吃东西。这是为什么呢？这是因为不同食物给人的饱腹感不同。

在含有同等热量的前提下，食物的能量密度越低、体积越大、纤维越多、咀嚼速度越慢、消化越难，食物的饱腹感就越强。选择饱腹指数高的食物，就能保证让人们在不饿肚子的同时，又降低能量的摄入。

为了测试哪种食物能够提供最佳的饱腹感，澳大利亚的研究者开发了一个饱腹感等级表，被称为"饱腹指数"（SI）。SI是指含1005千焦的食物给人的饱腹感比较。在下面的这张表格中，马铃薯的饱腹指数为323，超过了鱼、苹果、牛肉、全麦面包，高居榜首，是油炸面包圈（68）的4.75倍，白面包（100）的3.23倍，也高出燕麦（209）114分。

与大米、面粉等其他主食相比，马铃薯水分含量高，平均可达70%以上，纤维和水分会形成较大的食团占据胃，而脂肪、碳水化合物与蛋白质三大宏量营养素含量显著较低，是一种热量密度极低的食物，只是让你觉得肚子一直很饱，却不会增加多余的热量，完美对应了高饱腹指数食物的特征。

然而，马铃薯因其较高的淀粉含量而往往为减肥塑形人群所避之不及。事实上，食用等分量的食物，马铃薯的热量仅相当于白面包的1/4，而它同时富含足量的维生素、纤维素和一些其他的营养物质，能在维持长时间的饱腹感的同时获取多种营养素，而不必担心节食带来的饥饿反弹与营养缺乏，简直是塑形与减肥者的福音。

排名	食物	饱腹指数	排名	食物	饱腹指数
1	土豆	323	12	米饭	138
2	鱼	225	13	豌豆	133
3	燕麦粥	209	14	曲奇	127
4	橙子	202	15	香蕉	118
5	苹果	197	16	炸薯条	116
6	牛肉	176	17	白面包	100
7	葡萄	162	18	雪糕	96
8	全麦面包	157	19	薯片	91
9	爆米花	154	20	酸奶	88
10	鸡蛋	150	21	花生	84
11	奶酪	146	22	蛋糕	65

马铃薯中含有不容易被人体消化和吸收的抗性淀粉

抗性淀粉又称抗酶解淀粉或难消化淀粉，简单地说，是不大容易被人体消化和吸收的淀粉，其性质类似可溶解性膳食纤维，具有一定的瘦身效果。其在体内释放葡萄糖缓慢，具有较低的胰岛素反应，可控制血糖平衡，减少饥饿感，特别适宜糖尿病患者食用。抗性淀粉在小肠中不能被酶解，而在人的结肠中可以与挥发性脂肪酸起发酵反应，故在食用抗性淀粉后，人们的排泄物中胆固醇和甘油三酯的量会增加，故而具有一定的减肥作用；另外，抗性淀粉具有可溶性食用纤维的功能，食后可增加排便量、减少便秘、减少结肠癌的危险……所以近年来马铃薯越来越受到爱美人士的青睐。

抗性淀粉存在于某些天然食品中，如马铃薯、香蕉、大米等都含有抗性淀粉，特别是高直链淀粉的玉米淀粉含抗性淀粉高达60%。

告诉你一个小诀窍，马铃薯放凉后，淀粉的抗性会增加，在同样的饱腹效果下，比趁热吃更难消化，更有利于减肥。

这年头好东西是藏不住的，关于马铃薯主食的开发利用，早已是铺天盖地，你可以不喜欢它，但从减肥效果而言，真没有什么理由拒绝。

午餐时间到了。

四个小时过去后。

饿死了，饿死了！你午饭吃那么点，现在不饿吗？

不饿呀，现在还觉得饱饱的。

这是为什么呀？

他不饿的秘诀就是——马铃薯！

马铃薯和不饿有什么关系呢？

排名	食物	饱腹指数	排名	食物	饱腹指数
第一		323	第六		154
第二		225	第七		150
第三		202	第八		138
第四		197	第九		118
第五		162	第十		96

因为马铃薯是饱腹指数很高的食物呀。

排名还是第一呢！

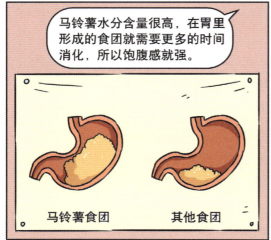

马铃薯水分含量很高，在胃里形成的食团就需要更多的时间消化，所以饱腹感就强。

马铃薯食团　　　其他食团

而且，马铃薯中有不易被人体消化和吸收的抗性淀粉，还有利于减肥呢。

啥也不说了，我也去吃马铃薯啦！

8　吃对马铃薯巧控糖

糖尿病是一组以高血糖为特征的代谢性疾病。高血糖则是由于胰岛素分泌缺陷或其生物作用受损，或两者兼有引起。糖尿病是长期存在的高血糖导致各种组织特别是眼、肾、心脏、血管、神经的慢性损害、功能障碍。

糖尿病的分型

就目前的糖尿病可分为两种，分别是1型和2型糖尿病。

1型糖尿病：基因缺陷，无法自主产生足够的胰岛素，缺乏胰岛素无法让细胞对多余的血糖进行储存，人体从而出现高血糖现象。

2型糖尿病：后天出现胰岛素抵抗作用，胰岛素分泌正常，但胰岛素受体无法正常工作，细胞无法回应胰岛素而进行多余血糖的储存，人体从而出现高血糖现象。2型糖尿病原名叫成人发病型糖尿病，多在35岁或40岁之后发病，占糖尿病患者90%以上。

马铃薯的烹饪食用方法与2型糖尿病

对于饮食，糖尿病患者最关心的是吃什么可以降糖。有关食用马铃薯与2型糖尿病之间的联系，相关研究者进行了大量的研究，不过结论尚存分歧，部分研究者得出的结论是马铃薯摄入量增多与2型糖尿病风险增加相关，而有的研究结论则相反，认为食用马铃薯有助于缓解或防治2型糖尿病。因而需要进一步研究确定食用马铃薯与2型糖尿病之间的联系。

有一点是公认的——不同的马铃薯食用方法，其对身体的影响作用迥异。

马铃薯的血糖生成指数与它的烹饪方式有关，马铃薯泥的血糖生成指数最高，其次是炖马铃薯块、炒马铃薯等。研究发现，在烹饪土豆时加一点醋，可以降低马铃薯的血糖指数。

因此，糖尿病患者如果吃马铃薯，不建议吃马铃薯泥和炖马铃薯，更不建议吃炸薯条。可以吃炒土豆丝，但是需要注意的是，在炒马铃薯丝之前先将土豆丝在水里浸泡15分钟，使其变脆。炒土豆丝时加一些醋，这样可以降

低土豆丝的血糖指数。

　　另外，马铃薯中含有一种RS2抗消化淀粉，这种淀粉不能被机体消化，因此不会引起血糖升高。马铃薯煮熟过程中RS2会损失，但放凉后又会形成新的抗消化淀粉，因此马铃薯适合放凉了再吃。也可以通过蒸或煮的方式来提高马铃薯的抗性淀粉，最大限度地发挥膳食纤维的作用。美国医学研究所及荷兰健康委员会认为，提高膳食纤维或提高富含膳食纤维食物的摄入量，能减少2型糖尿病的风险，对于稳定血糖及减缓胰岛素反应具有重要的意义。

9　全能冠军马铃薯

战场上的"超级干粮"

　　第二次世界大战时，当时的盟军最高司令官艾森豪威尔曾说："在过去的4年里，是午餐肉和压缩饼干帮助我们打赢了战争！"当年，美国大兵在战场上餐餐离不了一种军用压缩饼干，以及一种叫做"斯帕姆"（SPAM）的午餐肉，两者的主要成分都是马铃薯全粉。

　　1937年，美国荷美尔食品公司生产的马铃薯全粉罐头午餐肉顺利成为二战盟军食品中的主要蛋白质来源。1941年，日军偷袭珍珠港，为给开赴前线的几十万美国大兵准备便于携带、营养充分的超级干粮，美军后勤保障部门千挑万选后挑中了SPAM午餐肉，以及体积小易携带的军用压缩饼干。这种午餐肉是由少量猪肉与大量的马铃薯全粉混合，再加入油和食盐制成的，被装在马口铁皮罐头里，后来逐渐风靡全球。

　　军用压缩饼干中99%的成分是马铃薯全粉，其他是结合剂和调味剂。事实证明，午餐肉和压缩饼干作为士兵的主食是一个非常英明的决定。它们的主要成分是马铃薯全粉，几乎兼具了粮食、蔬菜、水果中的全部营养，又添加了油脂，是全营养食品。这些营养全、易携带、耐储存的"超级干粮"正如车辆的燃料、武器的弹药，为美国大兵保持良好战斗力提供了保障。

　　二战之后，美军的食品发生了很大变化，午餐肉和军用压缩饼干逐渐转变为即食口粮。越战期间，美军的野战食品中还加入了炖鸡和猪肉烧土豆。在海湾战争和伊拉克战争中，美军的主要食品是现成熟食。该食品系软包装食品，体积小，重量轻，口味好。熟食包括奶油鸡块、马铃薯片夹火腿、马铃薯炖牛排、咸牛肉马铃薯泥等。由此可见，马铃薯始终在战场上扮演着重要角色。

　　值得一提的是，直至现在，部队中常见的压缩饼干，其主要成分还是马铃薯。

宇航员太空必备食品

人类总有一个梦想，要在浩渺的宇宙中发现新的类地星球，并将其开拓成生机勃勃的人类家园。在探索太空的征途中，航天员要吃饭，开拓者们也要种植农作物。

被联合国粮农组织称为"营养价值之王""埋在地下的宝物"的马铃薯又隆重地入选了。

宇航员的食谱中，马铃薯是必不可少的主食和菜肴。它不仅以马铃薯泥的形式出现，而且像"土豆烧牛肉"这样的传统美食也必不可少。

马铃薯除富含碳水化合物外，还含有大量蛋白质和一般粮食作物所缺少的赖氨酸、色氨酸及丰富的维生素和矿物质等微量营养素，其中维生素C是苹果的10倍，钾是香蕉的4倍，且兼具粮食、蔬菜、水果中的全部营养，低脂低热量，尤其是紫色马铃薯中富含的花青素、多酚等强抗氧化剂，堪比蓝莓。菜谱中有马铃薯坐镇，可以保证航天员摄取到最全面、均衡的营养。

马铃薯几乎是世界上适应性最强的粮食作物，在全世界各地都适于种植，尤其适合那些偏僻、高寒、气候恶劣、干旱的地区。那么太空中可以种植吗？中国新闻网援引英国《每日邮报》的报道称，国际空间站长期考察组在2011年6月开始的为期半年的太空之旅中，来自"土豆烧牛肉"大国俄罗

斯的宇航员谢尔盖·沃尔科夫当起了"太空农民"，在空间站种植马铃薯，这一试验项目是为了探索未来空间的食品自给。或许将来人类在转往其他星球的过程中马铃薯也将是途中最理想的作物。

"60天只吃马铃薯会怎样？"

克里斯·沃伊特是华盛顿州土豆委员会执行主管，为了抗议美国政府在一项营养计划中对马铃薯的公然歧视（美国农业部的一个项目，向孕妇和低龄儿童母亲提供食物券，但食物券不能购买白马铃薯，原因是"美国人马铃薯吃得够多了"），他计划了一项惊人挑战——在60天里只吃马铃薯度日。

结果呢？他成功了！切成块、擦成丝、剁成泥，煎炒烹炸煮烤等各种烹饪手段换着上，他每天吃20个马铃薯，60天总共吃掉了大约181千克马铃薯。计划成功时，沃伊特身体状况良好，体重从89千克减至80千克，总胆固醇从214降至147，偏高的血压也降低了很多。马铃薯也展现了不可思议的均衡营养。如果换做另外一种食物，这项挑战也许将是另外一种结果。

⑩ 马铃薯的另类用途

马铃薯可以发电

希伯来大学的研究人员Rabinowitch和同事们一直在推动"马铃薯电池"的发展，他们试图以此为全世界偏远城镇和乡村的人们提供照明。他们已经找到一种简单而又独具创意的方法，来让马铃薯产生能量。Rabinowitch说道："一个马铃薯产生的能量就足让一个房间的LED灯亮上40天。"这种想法听起来似乎很荒谬，但是却是符合科学依据的。Rabinowitch和他的团队已经发现，事实上在现实世界启动马铃薯供能项目相当复杂。为了使用有机材料制作电池，你需要两种金属：用作阳极的锌和用作阴极的铜。马铃薯内部的酸遇到铜和锌就会发生化学反应，当电子发生移动时就会释放出能量。这种现象是Luigigalvani在1780年发现的，当时他将两根金属连接到青蛙的腿上，导致它的肌肉抽搐。

克里斯·沃伊特是华盛顿州土豆委员会执行主管。

太可气了，凭什么歧视马铃薯？说美国人马铃薯吃得够多了？

让你们看看，只吃马铃薯有什么不行？

于是，沃伊特制订了一项"60天只吃马铃薯计划"。

60天计划

按照计划，沃伊特变着花样，每天只吃马铃薯。

切丝切片切块　　　煎炒煮炖　　　也可以喝汤

就这样，沃伊特60天共吃了181千克马铃薯。

= 181 千克

计划执行完毕，沃伊特更健康了！

我就是要为马铃薯代言！

体重：80千克，减9千克
总胆固醇：从214降至147
血压：降到正常

恭喜你获得成功和健康。

　　然而令Rabinowitch惊奇的是，没有人将马铃薯当作能源进行研究，2010年，他决定与哲学博士Alexgoldberg以及加州大学的Boris Rubinsky合作进行一下尝试。他们发现，把马铃薯煮8分钟会分解马铃薯内部的有机组织，减少电阻并且使电子更自由地移动，因此产生更多的能量。Alexgoldberg说道："我们发现，我们能够将输出提高10倍，这就使它的经济成本变得更低。"

　　但是为什么马铃薯电池没有成功应用呢？2011年，全世界出产了3.7亿吨马铃薯，它们是全世界130个国家的首要非谷类作物，而且是全世界数十亿人口重要的淀粉来源。联合国粮食与农业组织（FAO）的高级官员Olivier Dubois说道："将食物用作能源，你必须考虑是否有足够的存储量以及是否会对销售马铃薯的农民产生影响。如果都没有问题，那么这一想法就能实现。"与太阳能等现代技术相比，将马铃薯作为能源似乎不太令人满意。基本上，人们或许不会向他们的邻居展示马铃薯电池。然而，不可否认的是马铃薯电池的想法是有效的，这一想法的拥护者毫无疑问也将继续探索这项技术。

马铃薯皮可以去除茶垢和水垢而不留味

　　窄口深腹的保温杯清洁一向让人头疼，即使拿专用的刷子，也很难刷干净杯底积渍的顽固茶垢，一个保温杯让你刷了3分钟，兀自恼恨不已。如果把4～5片马铃薯连皮放进保温杯内，拧紧瓶盖，上下摇晃，30秒后你打开看看，深入到保温杯底的茶垢都被摇出去了。

　　烧水壶用久了，壶底和壶壁就会积下白生生的水垢，影响开水质量。把你削下来的马铃薯皮放进水壶里煮1个小时，水壶里的水垢就清出来了，比起你用白醋去除水垢，既不伤器皿，又不会留下难以冲洗的醋味。

为盥洗台除渍

　　每天早上在盥洗室理容让人神清气爽。然而飞溅的牙膏沫、洗浴液落在梳妆镜、盥洗台与盆面上形成的污渍，看起来就远不那么让人快活了。现在，趁着马铃薯的皮刚刚削下来还有新鲜的水分，在镜面、台面上擦拭，陶

瓷、玻璃表面的水渍、洗液污渍等，转瞬即逝。跟那些价值不菲的专用清洁剂相比，废物利用土豆皮，达成你梦想目标反而更轻松容易。

去除洗碗槽上的油污

不锈钢洗碗槽容易因为油污而显得雾蒙蒙的，与明亮的橱柜形成对比。留下你料理时削下来的马铃薯皮，洗完碗后，用土豆皮的里侧来擦拭洗碗槽，会恢复光洁如新的锃亮效果。

清洗银器

银器虽美，不易清洁，留几片马铃薯放在苏打水中煎煮片刻，然后用水和马铃薯片来擦洗银器，光泽如初且柔和，绝不伤损你宝贝餐具的一丝一毫。

帮面包可口松软保鲜

即便用保鲜盒保鲜面包都很难。敞开盖容易干硬，盖上盖又容易发霉。如果你做土豆丝或片的料理，不妨把两端最难切的那两片留下来，放进装面包的盒子底部，这样再盖好盖，里面的面包就不会变干、发霉了。

紧急处理烫伤

在厨房中烹饪，即便加倍小心也经常会烫伤。逢当此时，把洗干净的马铃薯连外皮削下一条，敷在烫伤的红肿处，再用保鲜膜包住阻止水分的蒸发，通过就地取材，完成紧急处理。马铃薯有消炎、解毒、止痛的作用，对烫伤的处理，比酱油、蜂蜜等传统的厨房烫伤紧急处理食材效果更好。

去除金属框、画框上的锈迹

家里的金属框、画框生了锈不仅影响美观，而且擦拭中一不小心还容易擦破手。这时候大家不妨试试，用马铃薯皮来擦拭，不仅能很快去锈斑，还可以使镜框、画框变得光亮。

马铃薯可以发电，能让实验用小灯泡亮起来。

马铃薯皮能去除水垢。

把马铃薯皮放进水壶煮1小时能去除水垢。

马铃薯皮可以为玻璃除渍。

要趁马铃薯皮有水分的时候擦玻璃哟！

马铃薯皮可以去除油污。

用马铃薯皮擦拭洗碗槽，就能去除表面的油污。

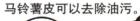

马铃薯皮可以让银器恢复光泽。

取几片马铃薯放在苏打水中煎煮片刻，用来清洗银器，就能让银器光泽如初。

马铃薯片能让面包保持松软。在保鲜盒底部放几片马铃薯片，面包就能保持松软可口了。

马铃薯可以紧急处理烫伤。

马铃薯有消炎、解毒、止痛的作用，贴一会儿就能缓解烫伤。

马铃薯还可以去除锈迹。

用马铃薯皮擦拭，可以去除金属框、画框上的锈迹。

5

人间美味是清欢

马铃薯传统美食

起源于南美的马铃薯一路东渡，在世界各地生根发芽并与当地文化融合并进，成为影响世界的独特物种。发展至今，马铃薯早已成为世界各国饮食文化中不可或缺的重要组成部分。

食物是与人类生活最密切的事物，它不仅给人类给养，更记录着人类文明进步的点滴故事。

起源于南美的马铃薯一路东渡，在世界各地生根发芽并与当地文化融合并进，成为影响世界的独特物种。发展至今，马铃薯早已成为世界各国饮食文化中不可或缺的重要组成部分。据说，薯条在美国的兴起颇具传奇色彩，第一次世界大战期间，驻扎在法国的美军士兵饥饿之际，得到了一种当地人用马铃薯做成的条状食物，觉得美味无比，并因此赞叹不已。战争结束后，他们将这种独特的马铃薯美食带回了美国并发扬光大，逐渐成为美国餐饮潮流。如今当人们捧着香酥可口的炸薯条津津有味地享受美食乐趣的时候，谁也不会想到它曾经来自"一战闻名"。欧洲人对马铃薯也极为钟情，土豆饼、土豆泥、土豆汤是家庭日常食谱上的主打菜肴。

无论是在欧洲还是美洲，抑或是亚洲和非洲，翻开每一道食谱，马铃薯始终赫然在列，并一度被誉为"改变世界的平民美馔"。马铃薯之所以风靡世界，究其原因，与马铃薯自身丰富的营养成分和独特的饮食文化密不可分。

1 数字解读人与马铃薯的亲密等级

从马铃薯产业发展的基本脉络来看，食用是马铃薯消费的主要形式，约占消费总量的63%，其次是饲用和种用，约占22%，其他占6%，损耗约占9%。20世纪60年代，全球食用马铃薯消费增长缓慢，基本维持在1亿～1.5亿吨，随着马铃薯种植产业的迅速东移，中国、印度等发展中国家马铃薯产业迅猛发展，使得全球食用消费量明显增加。20世纪80年代，亚洲马铃薯种植面积在全球种植面积中的份额从20世纪60年代不足10.60%上升至48.98%。最新统计数据表明，世界年均马铃薯总产量为3亿～3.3亿吨。

毫无疑问，促使发展中国家马铃薯产业快速增长的主要原因是食用马铃薯需求的持续增加。在过去50年里，中国马铃薯消费量增加了近4倍，印度、巴基斯坦和孟加拉国马铃薯消费量也分别增加了12倍、24倍和14倍，其中，1961—2009年间，中国马铃薯食用消费量增长了4000万吨，占同期消费增量的69%左右；印度、巴基斯坦、伊朗和印度尼西亚马铃薯食用消费量的增长分别占消费增加总量的75%、83%、86%和85%，发展中国家已经成为21世纪马铃薯消费的核心区域。

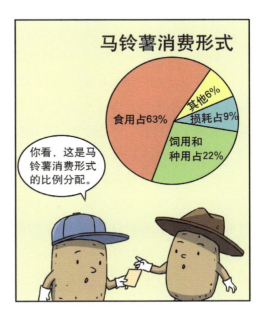

　　俄罗斯和东欧国家是马铃薯消费的重要地区，当地人通常将马铃薯作为主食，年人均消费量在100千克以上，几乎与小麦等粮食消费量不相上下。从消费量来看，西欧、北美年人均马铃薯消费量为60～100千克；非洲卢旺达和马拉维也将马铃薯作为其能量的重要来源，年人均食用量在100千克以上；安第斯山地区、地中海沿岸和东亚各国人均食用量为20～60千克。

　　英国、爱尔兰年人均马铃薯消费量也都在100千克以上。

　　近年来，地中海沿岸的北非国家，马铃薯人均消费量也在持续增加，2009年北非年人均消费马铃薯为20～50千克，处于非洲前列。南非年人均消费量在30千克左右；而处于非洲赤道盆地的东非、中非、西非等地区，因气候炎热不适合生产马铃薯，年人均消费量不足10千克。

　　亚洲是全球马铃薯消费增长最快的地区，据不完全统计，中国和印度作为全球最大的马铃薯消费国，年消费量占全球消费总量的30%以上。从人均消费量来看，哈萨克斯坦、吉尔吉斯斯坦、阿塞拜疆等国家年人均消费量在80千克以上，地中海沿岸的土耳其、黎巴嫩、以色列约为40千克。

② 世界马铃薯美食地图

　　作为一种公认的健康食物，马铃薯的日常消费形式多样、特色各异。马铃薯在德国是名副其实的主食产品，由于地理和气候条件的限制，德国水稻产量微乎其微，玉米和红薯等粗粮引种时间较晚，所以仅靠小麦种植很难满足人们对淀粉食品的需求，而马铃薯不仅淀粉含量高，而且非常适合德国大面积种植。因此，马铃薯便自然而然地成为了德国人的主要粮食作物。与德国不同的是，尽管马铃薯是俄罗斯种植面积最大的粮食作物之一，但俄罗斯人仅将马铃薯作为普通食物食用，他们习惯用马铃薯做新年沙拉，或加入奶酪和调味品做成各种口味的马铃薯泥。印度人用马铃薯做咖喱饭，而意大利人则用其制作面食；哥斯达黎加习惯将马铃薯和香蕉一起炖煮，而伊朗人则更愿意把它和其他食物一起烘烤；埃塞俄比亚人喜欢用青豆烹炒马铃薯，而在芬兰，人们喜欢用马铃薯与熏鳕鱼一起煨汤。

纵观全球马铃薯食用消费形式，尽管形形色色，但总体来看，主要分为加工马铃薯、鲜食马铃薯、冷冻马铃薯三类。

加工马铃薯是指以马铃薯为原料加工的各类食品，如马铃薯条（片）、淀粉，以及马铃薯全粉及其复合制品、马铃薯馒头、面条等深加工制品等。欧、美、日等国家加工马铃薯食品有300多种。其中，仅美国马铃薯食品就多达90余种，在市场上随处可见，其加工占总产量的76%。日本马铃薯年总产量约为350万吨，仅北海道地区每年加工用鲜薯就高达259万余吨，占其总产量的74%，其中约205万吨马铃薯被用于加工食品和淀粉，约占总产量的58.6%。德国每年进口200多万吨马铃薯食品，主要产品有干马铃薯块、丝和膨化薯块等，平均每人每年消费马铃薯食品19千克。英国每年人均消费马铃薯近100千克，全国每年用于食品生产的马铃薯450万吨，其中冷冻马铃薯制品最多。法国也是快餐马铃薯泥的主要生产国，早在20世纪70年代初期产量就达2万多吨，全国有12个大企业生产马铃薯食品，人均消费马铃薯制品39千克。

鲜食马铃薯是最简单实用的马铃薯消费形式，人们通过蒸、煮、炖、炒等方式将新鲜马铃薯当做主食或者菜品消费。从统计来看，发展中国家是鲜食马铃薯的核心消费区域，这一方面是与这些国家马铃薯加工产业发展滞后以及装备不完善有关；另一方面则根源于城镇化程度不足。由于市场消费有限，加工马铃薯需求量不大，大批马铃薯种植业主更愿意就地取材直接销售鲜食马铃薯。比如，位于非洲东南部的欠发达国家马拉维，年人均马铃薯消费量从1961年的12.2千克增加至2009年的108.3千克，并且绝大部分以鲜食为主。此外，与小麦、大米、玉米等主要谷类作物不同，马铃薯并非全球贸易型商品，在各国出口贸易中所占份额极小，因此各国通常将马铃薯作为保障粮食安全的重要作物。

你是被掩埋的
白色的玫瑰
你是饥饿的敌人

好嘞！
准备出发！

无论在哪个国度

你是地下的

黑夜里的英雄

各民族人民

取之不竭的宝藏

——聂努达《土豆赞》

　　智利诗人聂努达的《土豆赞》中，处处充满着对马铃薯的热爱与感激，作为诗人，聂努达用极简的方式深刻描述了马铃薯在南美人心目中的神圣地位。在发源地南美洲安第斯山的的喀喀湖畔的印第安人心中，马铃薯就是上苍赐给他们的礼物。数千年来，南美人始终将马铃薯当做主食食用，吃法繁多，除了烤、煮和风干外，作为食物，玻利维亚传统的拉巴斯烩菜和秘鲁的Papa rellena（塞满馅儿的土豆）同样堪称南美经典。

　　每年三月到六月是南美马铃薯收获季节，安第斯山附近的农民至今仍保留着烤马铃薯的习惯。在田边挖个土坑，将石头烧热，然后将马铃薯、白薯、玉米、南瓜放在石头上，利用石头余热烤制，当地人把这种做法叫作pacha-manca（"大地之锅"），这与中国人所说的地锅类似，其中pacha表示"大地"，manca则是"锅"的意思。当马铃薯烤熟后，总有人会热情地招呼周围的人们"来吃烤马铃薯吧"，然后大家齐聚田间地头，开始享受这自然的美味。风干马铃薯是安第斯山人根据当地的气候特点发明的一种独特吃法。作为高山民族，安第斯山人之所以能够在海拔4000米以上的高地常年生活，与他们的食物密切相关。在安第斯山，由于地形条件和微环境气候差异，不同海拔地区出产的马铃薯品种各有不同，如甜马铃薯生长在海拔3600米以下的地区，3900～4500米以上地区的马铃薯含有较多生物碱，呈现一定苦味。从植物生理来看，生长在海拔3000米以上地区的马铃薯都具有极强的抗寒性特征，安第斯山地区昼夜温差大，白天温度最高可达35℃，夜晚最低则会降至－10℃左右，聪明的安第斯人就利用这一自然条件，白天把马铃薯摊开在阳光下晾晒风干，夜晚让它们在寒冷中接受冰冻，再经过脚的踩踏使马铃薯中的水分进一步减少，使原来只能储存一年的新鲜马铃薯变成了可以保存20年以上的风干马铃薯。这种经自然加工而成的脱水食品对远古原住民繁衍生息起到了至关重要的作用，它在近一个世纪的时间里养育了印加古国100万平方公里地域内的1200万人口。当年的印加古国，各处粮仓储备的就是它，漫长寒冬靠它，经年征战靠它，间或的灾年靠的还是它！

风干马铃薯食用前需要在清水里浸泡一夜，待其泡发后既可做汤，也可将其切成片，在两片中间夹上菜肴放到烤箱烤熟，制成既营养又美味的马铃薯三明治。玻利维亚首都拉巴斯的经典菜肴"拉巴斯烩菜"中的主要原料就是风干马铃薯，制作时只需将泡好的风干马铃薯、玉米粒（choclo）、蚕豆、羊肉，以及一部分新鲜马铃薯放在锅中炖煮就可以做成，有点类似中国东北的大锅乱炖。

秘鲁传统特色小吃Papa rellena（塞满馅儿的马铃薯）也是以马铃薯为原料制作的，外观看起来像一个大马铃薯，里面包裹了美味多汁的牛肉馅儿。制作时先将葡萄干、洋葱、蒜、碎牛肉馅儿、黑椒酱、辣椒粉、鸡蛋混合在一起搅匀，然后像中国人包包子一样，用马铃薯泥将牛肉馅儿包成外观类似马铃薯形状的椭圆形食物，紧接着将其放入油锅中煎炸，待其表面呈金黄色时捞起，将油沥干。做好的Papa rellena表皮酥脆，馅料多汁，不仅深受当地人喜爱，也深受美国和欧洲人的喜爱。

美国人最爱的薯条与薯饼

马铃薯消费在美国极为广泛，制作和调味方法也五花八门，其中炸薯条和薯饼（hash browns）是两款在美国传统快餐店及自助餐厅里比较常见的食物，除此之外，最受欢迎的马铃薯主食还有盐土豆（salt potatoes）、烤马铃薯配奶酪芝士（酸奶油香葱汁）、新英格兰土豆泥（保留薯皮的口感厚重的土豆泥）等。

盐土豆（salt potatoes）是纽约中部一种具有地域特色的马铃薯主食形式，将新鲜的马铃薯切成小块放入水中加入饱和的盐，煮熟后配上黄油食用；正餐时，美国人习惯用铁煎锅将切片后的小红土豆烤熟来当做主食；而在美国的犹太人更喜欢把马铃薯饼当做主食，炸土豆煎饼是犹太人光明节上特有的主食。

我拿到了一份世界马铃薯美食地图。现在，咱们就出发去看看吧。

好嘞！准备，出发！

每年3~6月，在安第斯山地区的农民，会把马铃薯、玉米等放在烧热的石头上烤着吃。

真香啊！

快来吃烤马铃薯吧！

秘鲁

里面有很多肉，我最爱吃啦。

Papa rellena是秘鲁的传统特色小吃，用马铃薯泥包裹着馅料油炸而成的椭圆形食物。

美国

你们点的薯条和薯饼！

薯条与薯饼是美国人的最爱。

　　美国人酷爱烧烤，几乎家家都有烤箱，在家中就餐时，美国人习惯将马铃薯放入烤箱烘烤，然后搭配奶酪（cheese）、培根熏肉（bacon）食用。美国俚语中有一个与烤土豆相关的词叫"hot potato"，其表面意思是指刚刚烤出的、热气腾腾拿起来非常烫手的土豆，实际上用以比喻那些棘手的问题或难以处理的局面。尽管"hot potato"（烫手的山芋）对于美国人来说是个麻烦，但这并不影响美国人对烤土豆的热爱。

　　除了鲜食外，加工马铃薯食品在美国的消费量更大。据统计，美国加工用马铃薯消费量约占马铃薯总产量的76%，而且加工产品种类繁多，名目繁杂。在超级市场，冷冻薯条、薯圈、薯角、油炸薯片、薯饼、薯泥，以及沙拉等马铃薯食品随处可见。由于方便家庭烹饪，脱水马铃薯食品在美国也同样备受欢迎。制造商一般会选用口感出众的一级白肉品种马铃薯，经脱水加工，制成薯丁、薯片、薯丝、薯泥、薯粒、薯粉等脱水产品，作为半成品供美国人在家中烹饪。与脱水马铃薯类似，马铃薯雪花粉也是一种半成品食物，只需将适量的热水加入马铃薯雪花粉中搅拌均匀，一杯土豆泥瞬间就可做好，美国人通常喜欢在冲泡好的土豆泥中加入黄油和盐调味后食用，既方便又美味。

薯泥

象征俄罗斯理想生活的马铃薯炖牛肉

马铃薯在俄罗斯享有"第二面包"的美称，普通大众几乎餐餐不离马铃薯，零售市场上的马铃薯也常以"袋"论，据统计，俄罗斯每年人均马铃薯消费量约100千克，远高于世界平均水平。马铃薯能够在俄罗斯安家落户并深受喜爱有两方面的原因：一是俄罗斯大部分地区都是处于温带和寒带，气候寒冷、种植条件差、蔬菜供给匮乏，只有红菜、胡萝卜、马铃薯等耐寒、耐旱蔬菜能大量种植，因而可食蔬菜选择范围小，马铃薯自然而然成为俄罗斯人的重要选择；二是马铃薯不仅高产，而且用途广泛，既可作粮又可作菜，俄罗斯人认为它是"健康与令人高兴的食物，用它可以做面包、粥、淀粉和香肠"。由于认识到位，早在19世纪中期，俄罗斯就已经开始大力推广马铃薯种植了。

如今，马铃薯仍然是俄罗斯饮食中的重要食材，在俄餐的很多菜品中都能看到马铃薯的身影，作为俄罗斯人最喜欢的新年美食，新年沙拉的主材实际上就是马铃薯。在俄罗斯人无限钟爱的汤品中，马铃薯同样形影不离，譬如最著名的腌黄瓜肉汤，就是将白菜、马铃薯、胡萝卜、芹菜根、葱头、黄瓜等新鲜蔬菜混合后加入到用羊肉或牛肉、鸡肉、鸭肉等炖制的汤中，加调料熬制而成。由于俄式汤品种中加了足够的土豆、蔬菜以及肉、鱼等食材，从营养学角度看，汤完全能满足人体的营养需要。有人曾经问苏联著名学者、美食家巴赫列布金："餐桌上的哪道菜最能体现出一家人的幸福与温馨？"巴赫列布金毫不犹豫地回答说："汤。"巴赫列布金所提到的汤实际上就是马铃薯汤。

除了做汤和沙拉外，炖和炸也是俄罗斯人喜欢的烹饪方式，俄餐名菜马铃薯炖牛肉就是其中的一例。有关马铃薯炖牛肉，俄罗斯至今还流传着这样一段故事：1959年，赫鲁晓夫访美，在戴维营与美国第34任总统艾森豪威尔会谈，为表示友好，临走前美国富商赠送他两头良种奶牛和一盘古币作为礼物。未曾想到，赫鲁晓夫为此大感不快。据说，赫鲁晓夫回国后一下飞机就发牢骚，而且爆粗口说："他们真他妈有钱。"盛怒之下，赫鲁晓夫提出一个口号：要让苏联在1980年建成共产主义，而且把共产主义解释成"要让苏联人民随时能吃上马铃薯炖牛肉那样的好菜"。可见，在当时赫鲁晓夫的心目中，马铃薯加牛肉就是共产主义，或许在他心目中，共产主义既有马铃薯的朴实，也有牛肉的浓厚。不过，马铃薯炖牛肉确实是一道好菜，牛肉的嚼劲十足，马铃薯的沙面可口，肉香和菜香完美融合，堪称上品。

马铃薯泥也是俄罗斯人餐桌上的常见主食，其做法简单，只需将马铃薯去皮切片，放在锅里煮烂后捣碎，加入盐、牛奶、黄油和奶酪，搅拌均匀即可。如果愿意，可以再配些胡萝卜丁、熟豌豆和玉米，那味道就会更加鲜美。

马铃薯炖牛肉

在俄罗斯，马铃薯享有"第二面包"的美称，普通大众几乎餐餐不离开马铃薯。

马铃薯炖牛肉是俄罗斯人民幸福生活的象征呢！

丹麦

丹麦更爱马铃薯，为它创造了一个为期一周的马铃薯节呢！

脆皮烤猪肉是我们的国菜，这里用的是白皮儿小粒马铃薯。

咱们吃的这家是英国最古老的的鱼薯店，是真正的百年老店呢！

英国

英国人吃马铃薯就像中国人吃大米白面一样普遍。炸鱼薯是英国饮食文化的代表。

鳕鱼酥嫩薯条香，简直绝配！

嘿嘿，是吗？这酒……酒……好……好喝……

你们也得尝一尝"开放式三明治"，中间夹的是煮熟的厚土豆片。

挪威

小粒马铃薯沙拉是挪威的美食。阿夸维特酒是用马铃薯为原料酿制的，酒精浓度高达40度，就像挪威版二锅头。

因为马铃薯煮熟后冰镇过，所以吃起来就像沙冰。

黑死酒　青鱼马铃薯　山珍海味马铃薯　马铃薯牛肉汤

马铃薯丸子　土豆鸡蛋饼　马铃薯饼　土豆饺子

英国饮食文化代表：Fish & chips

英国人吃马铃薯和中国人吃大米、白面一样普遍。就像《舌尖上的英国》开篇旁白所说的那样：英国人的餐点，除了大土豆就是小土豆。的确，英国人的日常饮食中充满了马铃薯。据不完全统计，英国马铃薯品种大约有30多种，有的像铅笔盒那么长，重约1千克，有的像鸽子蛋那么小，袖珍可爱，颜色有红色、紫色、白色、黄色等，这些土豆各有名字，特点各异。但大体上分为烘烤马铃薯、水煮马铃薯、通用马铃薯和新马铃薯四类，不同种类的马铃薯对应着不同的烹饪方式。

鱼和薯条（Fish and Chips，也称鱼薯）是英国最传统也是最著名的马铃薯美食。鱼和薯条实际上是炸马铃薯条和炸鳕鱼的合体，在英国街头，几乎每隔四五步就能看到捧着鱼和薯条边走边吃的别样风景。据不完全统计，英国每年有超过2.5亿份鱼薯被卖出。最有意思的是，在二战著名的D-Day（诺曼底登陆日），英国士兵居然将"Fish"对"Chips"作为互相确认身份的暗号。为引导消费，英国还成立了一个叫作Ational Federation of Fish Fries（全国炸鱼联合会）的专门行业公会，用以规范鱼和薯条产业发展。

鱼和薯条第一次合体售卖出现在1860年。1980年前，英国街头的美食店开始用报纸作为包装向顾客售卖鱼和薯条，后来因为报纸中油墨所带来的食品卫生安全问题而被政府禁止。据说，这一法令的颁布还曾经引发过类似重庆火锅"老汤"一样的论战，一些传统英国人认为没油墨香的鱼和薯条就不是正宗的鱼和薯条。

世界上最古老的鱼薯店位于英国利兹附近的Yeadon城，这家店的名字就叫"世界上最古老的炸鱼薯条店"（the Oldest Fish and Chips in the World），其开业于1865年，是真正的百年老店。如果有机会到英国，绝对值得去打卡。

如今，在英国卖Fish and Chips的除了英国人，还有许多中国华侨。开中式餐馆是早期华侨在英国谋生的最主要手段，看到英国人如此痴迷鱼和薯条，一部分华人开始做起了当地人的生意。中国人开的"鱼与薯条"店生意一般比英国人的好，英国人的食物普遍淡而无味，中国人餐馆的fish and

chips由于在炸鱼的面粉中掺加了盐和各家特色调味料，味道更加香脆浓郁，因此大受欢迎。由于Fish and Chips利润丰厚，无论中西餐馆都有这道美食。

英式全套早餐：Bubble & squeak and croquette

Bubble and squeak是英国人钟爱的另一道马铃薯美食，是一种将马铃薯和蔬菜混合煎熟的食物，主要食材是马铃薯和圆白菜，有时也混合切碎的胡萝卜粒、豆子和甘蓝等，切碎的蔬菜与马铃薯泥混合放在锅里煎熟，由于烹饪的过程中会产生泡沫并发出吱吱声响而得名。Bubble and squeak配煮鸡蛋是英国人餐桌上一道完美主食，有时英国人也将这种马铃薯蔬菜泥与香肠、培根、番茄和煎蛋搭配，形成一道特有的英式早餐。

在英国，croquette对于忙碌的上班族们，尤其是上班族中的主妇们，显然是个不错的选择。因为做法简单，孩子们百吃不厌，所以大受欢迎。制作croquette时，先用硬马铃薯泥搓成大小如小擀面棍样的长柱形，再裹上面包糠炸成金黄色即可。类似的还有一种叫马铃薯丸子的食物，它是在马铃薯泥中加入胡萝卜末和牛肉末，炸成小丸子，外焦里嫩，咬下去肉香扑鼻。另外，英国人还经常把新鲜的马铃薯和薄荷一起烹饪，再搭配少量溶化的黄油食用。在爱尔兰，人们更乐意把马铃薯烤饼（司康饼）当做主食，居住在爱尔兰北部的居民和部分犹太人将马铃薯磨碎，浸泡于水中，使马铃薯淀粉溶出，然后与面粉、白脱牛奶、泡打粉（发酵粉）混合制成面包、薯饼。

英国人烤马铃薯的方法最为讲究，他们用锡纸把又沙又面的、刷了黄油的马铃薯细致地包裹起来，用烤箱烤熟，然后剥开锡纸撒盐、胡椒粉调味，如果想吃得丰盛些，还可以将马铃薯切开夹上沙拉、豌豆泥、沙丁鱼等，薯香、黄油香、豌豆香混在一起，味觉上乘，是英国人烧烤派对中常见的食物，也是街头最受欢迎的小吃之一，烤好的夹馅土豆就像穿了漂亮的皮夹克一样，十分讨人喜爱。所以，英国人还将这种夹馅形象地称为"夹克土豆"（Jack potato）。

随着人们对肥胖问题的重视，英国人对马铃薯的喜爱也逐渐升温，有研究报告，将新鲜马铃薯和其他碳水化合物食物进行比较，结果证实马铃薯的营养价值远远高于面粉和大米，甚至很多蔬菜。伦敦名厨安东尼·沃勒尔·汤普森说："马铃薯是全英国最受宠的食物，它不仅健康，而且用途广泛、方便味美。生活中要是没有了马铃薯就好比三明治没了馅儿。"英国男性素以绅士著称，当地人甚至认为"绅士的健康好身材，恰恰是其貌不扬的马铃薯造就的"。

丹麦吃马铃薯还送假期

　　丹麦人有多爱马铃薯？爱到甚至为它创造了一个节日。每年第42周是丹麦学生的秋假，又叫"马铃薯节"。

　　因为马铃薯是丹麦人的主食，无论是简餐还是大餐都能见到它，马铃薯几百年来是丹麦人赖以生存的粮食。所以，丹麦每年都会种上许多马铃薯，到了丰收季节学校就会放假让学生们回家帮忙收割。虽然现在下地收马铃薯的机会不多了，但这个假期还是被保留了下来，在"马铃薯节"期间，吃上几顿马铃薯大餐是免不了的。比如号称丹麦国菜的脆皮烤猪肉，总是和马铃薯成双出现。白皮儿的小粒马铃薯要么直接煮到绵软，要么用五花肉渗出来的猪油煎到焦黄，再蘸上经典的奶油白酱或者用欧芹、蒜泥、肉豆蔻制成的欧芹酱，都很相宜。

丹麦马铃薯美食

在丹麦，几乎每个人都会建议你尝一尝的"开放式三明治"，这个丹麦人日常饮食中不可或缺的食物也少不了马铃薯的参与。

一定要用丹麦产的黑麦面包切片，涂上清爽的酸奶油，加一点小葱花，并将小粒马铃薯盐水煮熟后切成厚片放上去，再挤上一层厚厚的蒜味蛋黄酱，最后撒上煸到酥脆的培根碎、小水萝卜薄片、芝麻菜叶等装饰。

你可能对马铃薯加黑麦面包这样主食加主食的搭配略为抵触，但尝过一片之后，保准会放下所有的芥蒂，思考起"哥本哈根减肥法"的荒谬来。

挪威小粒马铃薯和"二锅头"

北上挪威，便是小粒马铃薯沙拉的天下了。小粒马铃薯切丁，盐水煮熟冰镇，再加黄芥末、酸奶油、蛋黄酱和酸黄瓜一起凉拌。入口有沙冰的触感，味道酸而爽冽，搭配挪威人同样钟爱的五花猪肋排正合适，就像是海边突然吹来了阵凉风，肉的腻感一下子便消失不见了。

挪威最负盛名的阿夸威特酒（Aquavit），也是用马铃薯为原料酿制的。这种烈酒酒精浓度很高，大约在40%，色泽金黄，味道刚烈，带有香料葛缕子与莳萝的特殊气息，颇有点挪威版二锅头的意思。

小粒马铃薯沙拉是挪威的美食。阿夸威特酒是用马铃薯为原料酿制的，酒精浓度高达40度，就像挪威版二锅头。

挪威

瑞典"沾了荤腥"的性感马铃薯

挪威的邻居瑞典，是青鱼马铃薯（Sillgratin）的死忠。这里的青鱼不是我们通常见到的淡水青鱼，而是传说中的太平洋鲱鱼。

先别急，此鲱鱼也并不是发酵后的重口味鲱鱼，而是简单用盐水腌渍过后的鲱鱼排，配上嫩嫩的水煮小块马铃薯、洋葱、黄油、黑胡椒和奶油一起烧烤，最大限度地调动出了马铃薯的清香和鲱鱼的海味，于是，渗进了海的咸香味的马铃薯便成了一颗沾了荤腥的性感马铃薯了。

在瑞典，鲱鱼和马铃薯还有另一种排列组合——青鱼拌马铃薯。在新马铃薯上市的仲夏里，瑞典人喜欢更为简便的青鱼拌马铃薯。鲱鱼块酸渍或盐渍，马铃薯水煮，再浇上酸奶油，顶多再配点红洋葱或青葱，就是一道凉爽消夏的瑞典风冷菜了。当然，还有对"中国胃"友好的热食，那就是将腌鲱鱼煎成鱼排，配上马铃薯泥做成热盘。

在瑞典还有一道人见人爱的马铃薯菜肴，那就是烤马铃薯。将马铃薯切片，但不切断，就像风琴似的，然后抹上黄油、橄榄油，再加上蒜蓉、黑胡椒、香草等调料，进行烤制，烤的过程还要抹上芝士。这样烤出来马铃薯片，那叫一个香，让人爱不释口。

芬兰"山珍海味"配马铃薯

芬兰人对马铃薯有股傻里傻气的认真劲儿，他们把超市里的马铃薯按性能分为三类，还用不同的包装颜色加以区分。绿色标志的硬性马铃薯适合做汤、沙拉、水煮或烤制；黄色标志的中性马铃薯用途广泛，适合做各种菜肴；红色标志的粉性马铃薯适合做薯泥、点心等。

"芬兰菜就是马铃薯的18种烧法"，这话一点都不夸张。常见的驯鹿肉、烤猪肉、香肠……配马铃薯都不稀奇，芬兰人还喜欢用"山珍海味"来搭配马铃薯。

"山珍"就是鸡油菌。仲夏节前后采摘的首批鸡油菌刚好可以与新上市的首波新马铃薯配对儿，吃的就是一个崭新的季节。"海味"就是各种海鱼、淡水鱼和鱼子了，熏鲑鱼、煎三文鱼、烤鲱鱼……只需一点黄油，一撮盐，一簇莳萝，便可领略马铃薯的百变小咖秀。

在靠近俄罗斯的芬兰东部，人们还用黑麦面包做皮，马铃薯混合鱼肉、米饭等做馅，制作出了鱼馅饼（Kalakukko）和卡累利阿派（Karjalanpiirakka），目测与英国的仰望星空派有一拼。

冰岛马铃薯、香菜酿出"黑死酒"

作为一个火山多发的岛国，冰岛本身并没有太适合马铃薯生长的土地，只得在靠近地下蒸汽的地里种植，结果种出来的马铃薯都自带一股臭鸡蛋味。

传说中的地狱级黑暗饮料"黑死酒"，就是用这种马铃薯和香菜一起发酵酿制而成的，酒精度极高，比瑞典阿夸威特酒还要夸张，因此通常还来不及品味马铃薯和香菜混合的诡异酒味，就已经醉倒过去了。有酒量好的朋友尝过之后，形容这酒是"当归味的杜松子酒"，味道虽诡异，却也有一种独特的清冽之香。

奥地利人最爱的马铃薯丸子

马铃薯是奥地利人的主食。煮熟的马铃薯捣成泥加上面粉制成网球大小的丸子，在奥地利很受欢迎，是最为常见的食物之一。口感软糯但不粘牙，浓郁的马铃薯香配上肉酱，让人吃了一个还想吃第二个。如果在丸子里面包入不同的馅料就又衍生出不同的风味，甚至变身为甜品，比如包入去核的李子或杏，蘸上黄油焦糖酱，或和糖煮水果一起吃。

西班牙普通又特别的土豆鸡蛋饼

西班牙土豆鸡蛋饼既平凡又特别。平凡，是因为它用料普通，做法简单；特别，是它从19世纪西班牙内战以来就风靡全国，在西班牙传统美食中屹立不倒，深得人心。鸡蛋和土豆在橄榄油中炸过的香味，香醇又有点咬劲的口感让人难忘。里面包裹的小土豆粒和洋葱丁，加上特殊的香料莎草叶，演绎出一种神奇的风格。

马铃薯丸子

土豆鸡蛋饼

烤马铃薯饼

土豆牛肉汤

瑞士滑雪胜地的著名佳肴——马铃薯饼

在16世纪，瑞士的芝士销售非常低迷，于是就有人发明了这道芝士马铃薯饼。将马铃薯切片，和培根、洋葱、坚果混合，最后撒上芝士放入烤箱烘烤。因加入了芝士，烤出来的马铃薯饼香气四溢、奶香十足，一时成了瑞士很多滑雪胜地的著名佳肴，由此也带动了芝士的销量。

匈牙利特色土豆牛肉汤

土豆牛肉汤是匈牙利最值得推荐的菜品之一，是外国游客必尝的、最有特色的汤菜。汤中除了放入土豆丁、牛肉块，还放入很多洋葱、辣椒粉和蔬菜丁，味道香浓。有点咸，要和面包一起享用。不同地方的土豆牛肉汤各具特色，最有名的是塞凯伊土豆牛肉汤，味道极其醇厚。

波兰人的土豆饺子

波兰的饺子pierogi，外表活像中国的饺子，连那皱边都以为是中国老太太传授的技艺呢。但你要是咬上一口，就和我们熟悉的中国饺子划清界限了，它的皮儿嚼劲十足，馅料常是土豆泥、奶酪和洋葱。还有什么草莓、蓝莓馅的，甚至有鸭肝苹果馅的，鱼肉馅的……五花八门，所以有一句话：生活就像一盘波兰饺子，你永远不知道里面包的是什么。甜饺子我们可能难以消受，不过酸菜猪肉馅的，淋上烟熏的三文鱼屑，和薄荷叶一起，吃起来水灵灵的，还是超赞的。

3 中国马铃薯美食地图

马铃薯传入中国后，与煮、蒸、烧、炖、烤、烹、煎、炒、炸、烩、爆、溜、卤、扒、酥、焖、拌等传统中国烹饪手法融合碰撞，逐渐超越了西方蒸、煮、烤、炸的单调烹饪方式，开始变得多元，成为一道道融色、形、香、味、滋、养六者于一体的经典美食。炒土豆丝，是中国家喻户晓的经典菜肴之一，由于其做法简单，口味多变，历来备受欢迎，加入青红椒可做成炝炒土豆丝，加醋便成为醋熘土豆丝。马铃薯与其他多种粮食、蔬菜搭配可以做出许多美味可口的饭菜，如与小米熬制的稀饭，与莜麦做成的面食，与各种蔬菜做成的汤菜及北方大烩菜等。

在甘肃定西一带，人们习惯用一种叫"苞芋"的美食来招待贵宾。实际上，所谓的"苞芋"只是现代人对饮食文化的一种另类演绎，本质上就是蒸玉米和蒸马铃薯的合体，与东北人常吃的"大丰收"类似，有意思的是，人们分别从玉米的另一个名字——"苞谷"与马铃薯的另一个名字——"洋芋"中各取一个字组合成了"苞芋"，借"鲍鱼"的谐音来表达对客人的盛情，而"苞芋"本身就是宴会上的主食。

长期以来，我国马铃薯消费绝大部分集中于鲜食和工业用途，只有少数用于食品加工。从消费总量来看，我国年人均马铃薯消费量为45千克，仅为世界平均水平的一半。近年来，新兴的马铃薯食品品种逐渐增多，除传统的淀粉、粉条（丝）外，速冻薯条、油炸薯片、复合薯片以及以全粉为原料的各种马铃薯食品越来越受到消费者的欢迎，消费量逐年增加。代表我国马铃薯加工技术水平的薯类淀粉、马铃薯膨化小食品、油炸鲜马铃薯片，以及少量的全粉和速冻马铃薯条，加工量约占马铃薯总产量的4%。由于消费量大，我国马铃薯贸易曾一度出现逆差。1999年，我国当年冷冻马铃薯制品的出口量约为2万吨，进口冷冻马铃薯制品（主要是冷冻马铃薯条）为8.1万吨，总贸易逆差4516万美元；此外，中国每年进口淀粉13万吨左右，加上冷冻马铃薯制品，我国每年需花费1亿多美元从国外进口马铃薯和冷冻马铃薯制品，这就意味着，作为世界上的第一大马铃薯生产国，每年却要花费近10亿元人民币进口马铃薯和马铃薯制品，足见我国马铃薯消费增长之快。

马铃薯消费认同的另一个重要指标是文化认同。歇后语是中国传统文化的一种独特的体现形式，马铃薯也已经融入其中，如"电线杆上插土豆——好歹有个头""母猪遛土豆——全凭一张嘴"等。可见，马铃薯已经从一种食物进入了公众的文化视野，实现了完全的"本土化"或"乡土化"改造。

蘸水浇出的美味烤洋芋

地处云贵高原的云南，海拔落差明显，境内有北热带、南亚热带、中亚热带、北亚热带、暖温带、中温带和高原气候区7个温度带气候类型，气候凉爽，昼夜温差大，特适合土豆生长。

历史记载，1904年英国牧师哈瑞·帕森斯（Harry Parsons）夫妇从昆明坐滑竿去昭通，沿途几乎未见土豆种植。等到他们来到昭通东面，一个叫做石门坎的苗族山村传教时，看到当地的山民常常处于饥饿之中，很多人挖蕨根，捣碎浸水，取其淀粉充饥。于是，1905年7月，帕森斯写信向美国Suttons种子公司订购了一批土豆的实生子，次年春播后得到一些较小的块茎，又经过一年的种植才得到较大的块茎，分发给当地的群众种植。到1926年，帕森斯一家返回英国时，他欣慰地看到从昭通到昆明沿途已有大面积的马铃薯田块。

云南人喜食土豆，土豆在云南又被叫做"洋芋"。云南人常说"吃洋芋长子弟"（子弟意指英俊、漂亮），在云南的大街小巷，炸洋芋果、煎洋芋饼、炒洋芋丝、粉蒸洋芋、红烧洋芋、老奶洋芋、酸菜洋芋汤、洋芋焖饭等各色土豆美食随处可见，这里俨然一个土豆王国。

从昆明出发，沿渝昆高速向东北行进，大约90公里后折向西北方向进入逶迤盘旋的乡村道路，穿越土豆花海，上下颠簸45公里后到达位于寻甸县的六哨乡。与土豆打了30余年交道的老陈早早就在乡农科所的院子里等候我们的到来，作为六哨资深的农业技术工作者，对于六哨以及六哨的土豆，老陈再熟悉不过，无论什么时候，谈到土豆老陈总是两眼放光，心中充满了自信。在老陈眼里，土豆对于六哨与六哨人就像灵魂一样重要。

炸洋芋角角

烤洋芋，配蘸水

苞芋

土豆莜面

拿糕

山药饸饹

蒸炸土豆

都督汤　老奶洋芋

山药鱼鱼

炒馈垒

山药饺饺

六哨乡位于云南寻甸回族彝族自治县中西部，平均海拔2300米，年降雨量1200毫米，日照时间2400小时，平均气温9～10℃，积温3800℃，无霜期180天，属于较为典型的高寒山区，也是我国西南地区典型的土豆之乡。初夏的六哨漫山遍野花香四溢，在当地仅有的20万亩耕地上土豆种植面积占50%以上。土豆历来都是当地历史与文化最好的承载。据历史记载，六哨曾有一条经柯渡（位于六哨西南方向的柯渡镇）通往昆明的黑炭之路，这是中华人民共和国成立前南山烧炭的六哨人艰苦的生存之路。六哨乡居民多为1949年前后从会泽（现曲靖市会泽县）、东川（现昆明东川区）等地自发迁移到此，当时的六哨位于原始森林腹地，人口稀少，开垦的耕地面积很小，当地居民以彝族为主，为了生计，他们就地取材在南山烧炭，然后运至昆明变卖。如今，站在土豆之乡回望郁郁葱葱的原始密林，我们依然可以想见当年六哨人120多公里黑炭之路上的真实生活场景：

"傍晚时分，一群被晒得黝黑的朴实山民，拖着疲惫的身躯在路边的山泉处停下，互相帮扶着将重重的背篓卸下，几个年轻后生捡来树枝点上篝火，从怀中的布袋里掏出几块样子难看的土豆丢在火堆旁，静坐无语，黑中泛红的脸上不时映出火苗，肩上背篓勒出的血色印痕在火光中异常闪亮。伴随着嗞嗞作响的声音，土豆的清香开始四处弥漫，几个年轻的后生一边咽着口水，一边急不可耐地伸手捡起一块土豆，像魔术师抛接小球一样将土豆反复抛起接住，以降低温度，然后迅速剥开已经烧焦的外皮将冒着热气的黄色土豆送进嘴里，一边吐着热气，一边喊着'熟了熟了'，于是所有人凑近火堆捡起土豆以同样的手法开始享用晚餐。每当此时，人们的脸上才开始露出些许看得见又看不见的笑容，言语也多了起来，谈论着明天是否可以多走一程。晚餐过后，人们开始倚着树干进入梦乡，几位老者会时不时地在篝火上加点薪柴，以确保火光不灭，这样狼群就不会来，夜晚也不会太冷。半夜时分，一位叫阿木的年轻后生在睡梦中不时笑醒，他梦见这次木炭涨价了，他用多卖的钱给邻村的阿妹买了一个刻着像土豆花一样的蓝色花朵发簪，当他回家经过阿妹家村口的时候，阿妹正捧着一块刚刚从家里偷出来的烤土豆等他，于是他们相互做了一个谁都看不懂的手势后，一前一后走进后山的土豆花海。"可以想见，土豆对于早期的六哨人而言，不仅仅是填饱肚子的物质食粮，更是精神食粮。

不知道什么时候，一种被叫做"旋风土豆"的韩国美食开始风靡全球，其做法极其简单，将土豆洗净，连皮一起穿到一根长长的签子上，按斜线方向在土豆上切出刀口，然后将土豆放在清水中静置除去淀粉后，捞出擦干，刷上橄榄油、荷兰芹、盐和胡椒混合的调味料放入预热200℃的烤箱中，上下火烤25分钟，然后刷上奶酪，再烤1分钟即可。据说这种美食的大规模流行与一种专用切片机的发明有关，它可以把土豆切得更薄，经高温烤制后呈明显的旋风状，因此吸引了大批青年学生的喜爱。与旋风土豆比起来，云南地区的烤土豆则更加多元。

渝昆高速寻甸入口处有一排面向路人摆设的临时小吃摊位，除水果外，还有当地豌豆凉粉、饵块、米线等小吃售卖，其中最引人注目的是占比接近一半的烤土豆摊位。烤土豆小吃摊的陈设非常简单，不大的太阳伞下面摆着蜂窝煤烤炉，炉子里的蜂窝煤已经基本烧尽变成白色，炉子上面架着铁丝网状的烤架，土豆放在烤架上，等烤架上的土豆外皮烤硬变焦后，摊主大姐麻利地用刮片将土豆去皮，然后放在炉边继续烘烤，让土豆慢慢变熟。旁边的折叠小桌旁凌乱的摆着五六个凳子，桌子上的瓶瓶罐罐竟然有16个之多，而烤土豆之所以受欢迎的秘诀正在这些瓶瓶罐罐当中，这其中既有拌好的香葱碎、韭菜碎、青椒碎、花生碎，也有干辣椒、豆豉、腐乳一类的成品料，还有酸萝卜、辣白菜、泡椒一类的腌菜。

每当有顾客光顾时，摊主便迅速将客人选好的土豆从中间一分为二交到客人手上，客人缓缓坐到桌前，根据自己的喜好用筷子将各种调料像堆麦堆一样堆在切开的土豆平面上，资深吃客们总能堆得很高，而且一点都不会撒落。调味料堆得越多，土豆的口感自然就越丰富。

这种吃法在云南地区非常流行，由于口味多样，我们暂且将其称作缤纷烤土豆，当地人热爱并沉迷于它。在距离寻甸150公里开外的会泽古城，大街小巷烤土豆的摊位比比皆是，做法大同小异，只不过有的摊主运用更为先进的烤箱作为工具而已，这就最大限度地降低了土豆烤煳的风险。不同烤土豆摊主的差异在于调味料和蘸水的不同，除了常规的豆豉、腐乳等调料外，自制调料才是各家美食的精髓，也是他们安身立命的根本。烤土豆、吃土豆是云南滇东北小城独有的生活方式，人们总是在逛街逛累的时候、午饭匆忙的时候、随时想要加餐的时候，甚至请客闲聊的时候，都会三三两两围坐在街边的小桌旁，惬意地享受土豆带来的美好！

家常"盛宴"之蒸炸黄金豆

尽管六哨的土豆种植面积广阔，但作为当地农业技术服务机构，老陈所在的六哨农林水中心农业科确实不算大，不过10多人的样子。农业科的小院坐落于六哨乡中心位置，是一个有着两栋2层小楼的院子，具备办公、实验、储存等几乎所有农业服务功能。前楼一层的一间被他们当做食堂使用。中午时分，老陈邀请我们体验他们单位小院里的自助食堂。当我们和老陈相互谦让着走进去的时候，饭菜早已上桌，我们一眼就看到了桌上黄灿灿的炸土豆，所有人欣喜不已，我们更是忙不迭、兴冲冲跑到院子里四处寻找残旧的木板作为道具拍摄这样"金灿灿的圣物"。

小院人际关系简单、朴实。已经退休的站长老毛看着我们忙活有点不知所措，便又和老伴从旁边的锅里拿出蒸熟的土豆继续放进油锅里煎炸。满满一桌的原生态美食都出于老毛夫妇之手，蒸炸土豆、云南火腿、各色野菜，在我们眼里算得上是一场真正的"盛宴"。老陈说，蒸炸土豆是当地人最常见的土豆吃法，家家必备，选用上好土豆，去皮后整块放在锅里蒸熟，然后逐个放在油锅中煎炸，煎炸的时间不宜太长，只要表面颜色变成金黄即可，这样不仅颜色好看，而且外皮酥脆，口感绵软，否则容易炸煳、炸黑。吃的时候可以直接吃，也可以蘸蘸水食用。蘸水是云南人美食中必不可少的一种调味料，作用类似于火锅的蘸料。当地人烹制野菜时一般不加任何佐料，只是将野菜焯水后，配上几份蘸水，云南的蘸水一般是用辣椒面、豆腐乳、香葱、香菜和红辣椒碎加调味料拌成的，食用时可根据各自口味需要蘸取。

黄金豆

蒸炸土豆的选材对口感影响至关重要，绵软感最为重要，因此选择土豆时要尽量选择淀粉含量高，也就是通常所说的比较"面"的土豆。老毛夫妇显然深谙此道，蒸炸出来的土豆特别受欢迎。从做法上看，蒸炸土豆先蒸后炸，不仅保持了外酥里绵的独特口感，更充分锁住了土豆本身的水分，这就使其具备了"一做二吃"的可能性，即每天做一次，午餐晚餐均可食用。当老毛夫妇关切地问及大家是否需要米饭时，大家异口同声表示"不要"，这让我想起北方的餐桌，像蒸炸土豆一样，人们经常会要一份"葱花饼"或"千层饼"当做主食，而在六哨的餐桌上，土豆显然具备了这样的功能，而且更加营养健康。在老陈、老毛眼里，餐桌上我们对于土豆的热爱或许就是他们一辈子最想看到的事情。

袁大洋芋与都督汤

位于云南东北部、金沙江东岸的国家历史文化名城会泽县，隶属于云南省曲靖市，始建于西汉建元年间（约2000年前），素有"钱王之乡、会馆之都、养生圣地"之称；明清时期因铜矿开采和冶炼而闻名的会泽成为当时全国十省八府办铜机构和国家钱币制造中心，一时间商贾云集，会馆林立。明朝时期会泽铸造的"嘉靖通宝"大钱币重达41.47千克，是迄今为止世界上最大的古钱币。2000余年后的今天，在会泽仍完整保留的会馆多达10余处。由于会泽地处云贵高原温带高原季风气候区，最高海拔4017米，最低海拔695米，夏无酷暑，冬季冷寒，历来是土豆种植和消费核心区。

如果说历史遗迹是会泽的文明象征，那么土豆及其饮食则是镌刻在会泽人骨子里的基因。地处乌蒙山区的会泽土豆产量巨大，且个大肉粉，广受市场欢迎。会泽乡间的土豆丰收场景通常从雨季开始，每当雨季来临，上百辆土豆收购商的大卡车总会密密扎扎挤在街口一角，或者合围在道路两旁的空坪上形成临时市场，车上码满了鼓鼓囊囊的编织袋，编织袋里装满了新收下来的土豆，四处赶来的会泽人用马车装载着一季的丰收，欣欣然将大自然的馈赠通过集市与更多人分享。

　　除了大街小巷随处可见的烤土豆外，在会泽土豆已经开始登堂入室成为地方饮食的上品。依靠当地人的聪明才智，会泽土豆饮食花样翻新，形成了久负盛名的当地名吃——土豆宴。所谓土豆宴，就是土豆是贯穿整个宴席的主角，宴会上的土豆美食少则十多款，多则二十几款。在外人看来，土豆宴上的菜式并无太多卖相可言，灰头土脸的土豆洗净后横竖也就是能切成块、条、丁、片、丝，或者搅成糊糊，揉成团团、条条和圈圈，即使是有特别的香味，也无非是借肉而美，抑或是浸入的酸菜味，强扑上来的辣子味，不由分说的蘸水味，土豆不过是味觉刺激的落地温床。但正因如此，当地人才更加珍爱土豆，在他们眼里土豆才是生活最值得信赖的承载。土豆宴上既有我们熟知的炒土豆丝、炸土豆片、炒洋芋丁、小瓜土豆（西葫芦片与土豆片混炒而成）等，也有具有地方文化特色的洋芋粑粑、洋芋酸汤，但最值得一提的是"都督汤"和"老奶洋芋"。

　　都督汤是当地最为知名的土豆美食，也是土豆宴上的最后一道汤，一个硕大汤碗里盛着的乳白泛黄的糊状汤汁，青菜叶

会泽路边烤土豆

都督汤

藏于其中，貌不惊人却口感细腻，菜如其名、霸气十足。都督汤的做法简单纯朴，将土豆去皮蒸煮软糯之后，取出压成土豆泥，然后放入米汤中加热搅拌，等土豆泥彻底融入米汤后加入青菜、食用油、少量盐，稍煮盛出即可。都督汤汤汁浓稠鲜美，开胃健脾，营养丰富，是老少皆宜的美食佳品。虽然从食物本身来看，与"都督"二字无任何联系，但都督汤却真与都督有关。明清时期，会泽便是中国重要的经济文化中心，当地文风盛行，思想活跃。清朝末年，受闭关锁国及鸦片战争的影响，国势衰微，于是一批会泽学子冲破世俗观念，决心师夷长技，赴日留学，会泽人唐继尧就是其中之一。学成回国后，唐继尧创建滇军，成为云南滇系军阀的主要领导者。护国战争时期，唐继尧与蔡锷联合宣布云南独立，自任"中华民国护国军总司令"，出兵讨伐袁世凯。袁世凯倒台后，1913年，唐继尧执政云南，任云南都督，在近14年的执政期内，唐继尧兴办教育、筹办市政、发展实业，做了很多利民兴滇的大事，尤其是主持创办了东陆大学（今云南大学），为云南的近代文化教育事业发展做出了巨大贡献。如今在坐落于会泽县城北钟屏镇二道巷转三道巷中段处14号唐继尧故居内，我们仍然可以领略到这位都督当年的山河气慨。

　　唐继尧故居占地面积850.1平方米，建筑面积410.1平方米，属清代中晚期传统民居，封闭式四合院建筑群，硬山顶穿斗式结构，置有正堂、书房、对厅、耳房、粮仓、养马房等，前后院共14间。在唐继尧雕像背后的正厅门前悬挂着一副对联，上书"护国讨袁南天一柱，治滇兴教东陆独尊"，这正

是云南人对于唐继尧一生的评价。对于土生土长的会泽人而言，无论走到哪里，唐继尧都是他们心目中的骄傲。作为会泽人的唐继尧，自幼剃光头，喜欢吃土豆，更喜欢喝这种用土豆泥制成的特殊汤食，因此民间戏称他为"唐大洋芋"，而他喜欢的这种汤食也被称之为"都督汤"，由此食以人名，人传食名，"都督汤"得以传承，本质上"都督汤"所体现的是会泽人对唐继尧的尊敬与推崇，就像尊敬土豆一样，发自肺腑。

说到老奶洋芋，最初以为它的原料可能与老酸奶有关，当被确认与奶制品无任何关系时，我们的想象力开始发挥作用，于是便猜想这种美食可能是会泽某个离乡远游的游子由于思念家乡，思念奶奶做的某种土豆美食而得名。后来才发现原来是因为老奶洋芋口感绵软，咀嚼时无须费牙费力，非常适合老奶奶食用而得名。

"老奶洋芋"做法简单，将土豆洗净去皮切块，上锅蒸熟，然后将熟透的土豆用锅铲碾碎成泥。待锅中油烧至七八分热时，将葱花、花椒粒放入炒香，捞起花椒粒，放洋葱粒、青椒丁、火腿丁、玉米粒翻炒3分钟左右，最后加入土豆泥炒制均匀，加入少许盐调味后即可出锅。

洋芋西施的炸洋芋角角

会泽城西的东直街横穿会泽古城，全长1500米，是会泽最繁华的步行街，也是现实版的会泽市井文化博物馆，在不长的街道上既可看到现代都市的繁华，也可领略传统文化的韵味。洋芋西施是这条街上最出名的人物，尽管她不可能像唐继尧先生一样食以人名，人传食名，但仍然因为土豆，"洋芋西施"的名号在东直街几乎人尽皆知。

"洋芋西施"姓张，40多岁的年纪，虽没有西施的美貌，也没有成熟女人的妖娆，但对于会泽人来说，她就是东直街美食的代言人。15年前，洋芋西施支起一口大油锅在东直街上开始摆摊炸洋芋，无论春夏秋冬，人们总会看到一个勤劳的女子在油锅前忙碌，时而有人路过与她攀谈几句，时而有人坐在她的小摊上吃几块炸洋芋，每当这时，土豆西施总会麻利地从面前的大油锅中捞出一些洋芋放到一个小盆里，然后从眼前的各式瓶瓶罐罐中取出调料与土豆混合拌匀，倒入一个小盘中端到客人面前。无需片刻，客人们便拿着一根竹签，边吹边急不可耐地将一盘子咸辣鲜香、外焦里嫩的炸洋芋入肚。靠着美味的炸土豆，洋芋西施不仅成为会泽东直街的一个活字招牌，很多外地人到此都会慕名去品尝洋芋西施的油炸洋芋，而且她也带动了一批炸洋芋的创业者。如今在不足500米的东直街南段，炸洋芋摊点已经不下5家，但洋芋西施的生意依然兴旺，大油锅依然摆在门口，洋芋西施依然在锅前忙碌。所不同的是，她已经开始雇用人手并拥有约30平方米的室内店铺，小铺最多时雇用5人，这些人一边帮她采购搬运洋芋，一边帮她削皮清洗。实际上，炸洋芋的制作工艺并不复杂，将上好的洋芋去皮洗净，切成三角块沥干水分，然后放入油锅中煎炸，等洋芋自然漂起后捞出放入调味料拌匀即可食用。显然，洋芋西施的成功秘诀在于她的煎炸手法和自制拌料上。煎炸时油锅中会加入蒜末，这样有利于提鲜增味，炸制的火候最难掌握，拌料的秘密土豆西施自然不会透露，在品尝中我们发现除了蒜、盐、醋、辣椒等熟悉的调味品外，还有几种我们无法确认的、类似花生粉一类的粉末，这或许正是洋芋西施炸洋芋美味的秘诀所在。

洋芋西施每天大约要卖出1100千克的洋芋，对于一个会泽小城确实难以想象。尽管洋芋在会泽已司空见惯，尽管炸洋芋家家可做，但来到东直街上的人们对炸洋芋还是垂涎欲滴。有人将它作为上班前的早餐食用，也有人把它当做逛街时的零食，但最惬意的莫过于午饭或晚饭时，人们悠闲地坐下来，要上一份炸洋芋、喝上一碗鲜花酒，三五成群地聊聊身边的新鲜事，待

酒足饭饱后再悠悠然各自散去。最有意思的莫过于隔壁学校某个班的老师因为期中成绩考得好，自己请全班同学吃炸洋芋的感人情景。每当这时，洋芋西施总会有意加大每份洋芋的分量，精心拌好之后交给前来采买的同学，看着他们飞奔而去的身影，洋芋西施满脸欣慰。

远在会泽200公里开外的云南农业大学北门外夜市是学校周边最繁华的所在，油炸洋芋在这里也同样备受欢迎。所不同的是，摊主小哥首先将洋芋放入一口油温稍低的锅中煎炸，等基本炸熟后捞出，再放入另外一口高温油锅中炸制片刻捞起，然后拌料交给食客，据说这样炸制的洋芋更加外酥里嫩。无论哪种做法，也无论是在什么区域，炸洋芋的魅力有时远远超过美食本身，俨然成了当地的名片。

在张北土豆遇上莜面

从北京驱车往北3小时，即可到达以"坝上草原""张垣""武城"闻名的河北重镇张北县，尽管已是初夏时节，但张北却刚刚草木萌发，温度比北京低10 ℃左右。坝上的风沙果然名不虚传，一下车迎面一阵大风刮起的沙土打在脸上隐隐作痛，当地人开玩笑地说："我们这里一年只刮一次风，从年头到年尾。" 坝上没有一点的雾霾，天透亮的蓝，远处一朵朵白云低低地漂浮在半空中，低得仿佛翘起脚来就能触摸到一般。

张北县位于河北省西北部，地处内蒙古高原南缘坝上高寒区，年平均气温2.6 ℃。由于这里光照充足，昼夜温差大、干旱、少雨、无霜期短，特别适合土豆和莜麦的生长，是我国优质土豆和莜麦的主产区。土豆和莜麦是这个地区老百姓餐桌上的主要食物，特别是土豆，身兼双重角色，既可当饭食用又可做菜吃。所以，张家口坝上地区一直流传着这样一句民谚：坝上三件宝，土豆、莜面、大皮袄。

对于土豆，张北人"一往情深"，用他们自己的话说："我们张北人几乎顿顿离不开土豆，一个人每年平均要吃150千克，几乎一天一斤，一顿不吃想得慌。"

莜麦和土豆都是硬食，饱腹感强、耐饿，不像其他食物那样消化得快。有一个形象的比喻说，吃一碗米饭或者一个白面馒头走20里（里为非法定计量单位，1里＝500米。——编者注）路兴许你就觉得肚子饿得受不了，而吃同样分量的土豆和莜麦，走30里路也肯定不觉得饿。所以，一直以来，土豆和莜麦都是张北人的主食。当年那些走西口的汉子们，也都是怀揣着婆娘（妻子）用土豆和莜麦做的干粮上路。土豆和莜麦搭配不光耐饿，而且口感和谐，从营养学角度讲，莜麦和土豆也是一对天然好搭档。

研究表明，土豆钾高镁低。丰富的钾元素有助于体内多余钠的排出，因而能起到降血压、防止动脉硬化的作用。而莜麦中富含镁，正好与土豆互补，镁是预防冠心病等心血管疾病的关键元素。另外，土豆是富含优质淀粉的根茎类食物，而莜麦面则是含蛋白质最多的粗粮之一。因而，土豆配莜麦既满足了人体对优质淀粉的需求，又满足了对蛋白质的需求。此外，由于土豆和莜麦面食用后对人体血糖的影响小，非常适合高血压、糖尿病患者作正餐主食。

张北土豆莜面

随着人民的生活水平的提高，餐桌上的食物日益丰富，特别是20世纪90年代以后，张家口地区的老百姓餐桌上的食物结构发生了天翻地覆的变化，农民不再是"地里长什么，餐桌上就吃什么"，于是，大米、白面取代土豆和莜麦成了坝上人餐桌上的常客，土豆也从主食降为了副食，更多是以"菜"的身份活跃在餐桌上。

不过，随着近几年人们健康意识的增强、营养知识的普及，土豆和莜麦再次被老百姓请回餐桌成为健康救星，不仅可以应对城市白领人群高发的高血压、高血脂、糖尿病等富贵病，而且还有减肥保健的功效。坝上地区以土豆、莜麦为主的传统风味系列小吃也受到了越来越多人的青睐。原本寻常的农家茶饭如今跳上酒店大饭桌，很多饭店开始加大气力开发新的土豆菜品和主食。

察哈尔"素荤"美食山药鱼鱼

山药鱼鱼是察哈尔（察哈尔，即察哈尔省，建于1912年，中国旧省级行政区，1952年撤销建制。——编者注）一带的特色美食。察哈尔地区地处干旱内陆，老百姓吃到鱼不容易，所以就用土豆和莜麦做成鱼的形状，用以解馋。坝上人习惯将土豆叫做山药，故也把这种美食称为山药鱼鱼。山药鱼鱼是坝上上等讲究美食，过去当地人只有在逢年过节或者贵宾到来之时，才舍得吃上一顿。不过现在条件好了，如果馋了，想吃了，只要到张北坝上转上一转，基本上在大小餐馆都能吃到这道主食。

深秋过后，坝上的土豆开始成熟，挖一筐回去，水洗去泥，置于锅中，大火焖熟。熟了之后，剥皮晾凉，再置锅中，以手掌捣碎，上面撒上莜面，再以手掌捣揉。待莜面与土豆充分融合后，将面团搓长，揪小块，再搓成鱼儿状，这样，山药鱼鱼就做成了。

想要做好吃的山药鱼鱼，首先要选土豆，最好选水分小、淀粉含量高的土豆，这样焖熟后的土豆又沙又面，做出来的鱼鱼才筋道。做山药鱼鱼是个力气活，力量小的，土豆捣不成泥状，与莜面混合在一起，就会疙疙瘩瘩。如果想省事，还可以直接拿土豆面和莜麦面混合和面，搓成鱼鱼。

搓好的山药鱼鱼需要上锅蒸。蒸的时候应特别注意火候，千万不要蒸得过火，否则口感发黏。蒸好的鱼鱼也只能算半成品，还要配上蘸的汤料，当地人将这种汤料称为盐汤。察哈尔地区自古农牧兼重，羊肉是这里的特产，所以蘸着浓浓的羊汤吃山药鱼鱼自然是最上乘、最讲究的吃法。严冬腊月，坐在火炕上，围着暖烘烘的火炉，夹一口山药鱼鱼，就着一碗坝上人特有的口蘑羊肉汤，吃起来那叫一个暖和、一个舒坦。口蘑也是当地的特产，不仅肉肥味鲜、口感爽滑，而且营养价值极高，和羊肉炖在一起可解肉腻、舒肠胃。

除了口蘑羊肉汤，吃山药鱼鱼还有很多种搭配的汤，比如冬季用羊肉和土豆，佐以鲜姜等小料熬成羊肉土豆汤；春夏将时鲜蔬菜如水萝卜、黄瓜、香菜等切成丝，拌葱花、辣椒，用盐水或腌咸菜水调和成的汤汁，秋季则搭配以酸菜、土豆、肉等熬在一起的大烩菜等。

在张北，淳朴的女性天生就学得一手做饭的好手艺，如果有幸看到她们搓鱼鱼的娴熟动作，简直就是一种享受：只见那姑娘挽起袖子，把和好的面一点一点掐在手掌心，俩手使劲地搓，不一会一条条两头尖尖、中间圆圆的小鱼就滚落在案板上了。据说，张北小伙子找对象会看女方搓鱼鱼的手艺。曾经有一农村小伙去相亲。女孩长得不是十分漂亮，开始小伙子并不满意，中午留在女方家吃饭，招待的饭食就是山药鱼鱼炖肉汤。结果，一顿饭吃完，小伙子就同意了。究其原因，小伙子说，那顿山药鱼鱼太好吃，而这美食恰恰出于女孩之手！由此可见，山药鱼鱼在张北人心中的重要性。

坝上类似山药鱼鱼的美食还有下鱼鱼，只不过它不是蒸的，而是煮的。支上大锅，锅里炖上羊肉、土豆、口蘑、白菜或酸菜，待羊肉炖得差不多时，将搓好的鱼鱼均匀地撒在锅里，等面鱼儿熟透后捞出。炖菜浓浓的香气渗入面鱼里，和着土豆、莜麦特有的香味，再配上点辣子、蒜泥、醋，吃起来别具风味！

若不喜欢吃羊肉汤，建议来份清淡一点的：番茄汤下鱼鱼。先将胡麻油烧热，用葱、姜炝锅，煸炒番茄后，再加入胡麻粉、盐等调味料和水，待水沸腾后，下入鱼鱼，熬煮片刻即可。

番茄汤下山药鱼鱼

满载传承与乡愁的美味馈垒

馈字从食，贵亦声。"食"与"贵"联合起来表示：在对方食物匮乏的时候送去足以支撑其生存的食物；垒指用砖、石等重叠砌起来。仅从字面意思，也能看得出这道食物曾经在缺粮少食年景里，在人们生活中的支撑作用，被称为艰苦岁月里的维生之墙。

馈垒是以莜面和土豆混合制成的一种主食，是中国北方地区一种非常普遍的吃法，由于做法简单，当地人一日三餐几乎从不嫌单调，特别是早饭、晚饭吃得更多，很多人家会熬上一锅小米稀粥，配上馈垒当晚餐，有些地方也称其为"不（拨）烂子"。

馈垒

馈垒主要有两种，一种是传统的莜面馈垒，另一种是白面馈垒。两种馈垒的做法基本一样，唯一不同的是将莜面换成白面。具体做法如下：先将土豆洗净蒸熟或者煮熟，然后将蒸熟的土豆晾凉去皮，捣碎，再按1：1的比例加入莜麦面（白面）和少许盐，用手拌匀并揉搓成黄豆粒大小的疙瘩，沸水上蒸锅蒸10分钟（笼屉上要铺上笼布）即可。蒸熟后取出，用筷子拨散，冷却；再起油锅，待油热后放入蒜片、葱花、花椒炝锅，最后放入蒸好的疙瘩煸炒，炒至金黄色即可出锅。当地人炒馈垒喜欢用胡麻油（由于胡麻生性喜寒，适合高寒干旱地区生长，所以同属张北特产）。胡麻油也被称为亚麻籽油，是一种非常健康的食用油，富含多种不饱和脂肪酸，其中 α - 亚麻酸高达40%～60%。

用胡麻油炒出来的馈垒色泽金黄，口感外酥里绵，胡麻油特有的芳香，再加上葱花和蒜片炝炒后的辛香，使得馈垒香气四溢，诱人食欲。如果觉得营养和味道都不够，还可以再加进去一个炒鸡蛋，这样的一盘馈垒绝对可以称得上完美。

说忙应急吃拿糕

拿糕也是张北当地农民的一种传统吃食，也被称为"应急饭""懒汉饭"。在夏日农忙季节，农民劳累了一天后，有时懒得做饭，便回家"搅拿糕"。做搅拿糕时先烧水，把水烧至七成热时，把土豆面和莜麦面一把一把撒到水中，一边撒一边用筷子搅拌，使面粉完全打散。搅好后再用文火炖成糕状后，出锅入盆。食用时，浇上腌咸菜的菜水或用胡麻油炝葱花制成咸汤，佐各种时蔬及腌制的小菜即可。

土豆面面、囤囤、饺饺、磨擦擦，马铃薯叠字美食

俗话说一方水土养一方人，靠着莜麦和土豆，坝上人祖祖辈辈繁衍生息，顽强生存在这片贫瘠的土地上，也造就了这一地区特有的以土豆和莜面为主的饮食习俗。聪明的当地人将这两种食材混合在一起，巧妙地制成各种美味小吃，如馈垒、磨擦擦、山药丸丸、山药鱼鱼、山药囤囤、下鱼子、莜麦土豆饺饺，对于这些张北美食，当地一些上年纪的人总能如数家珍："从晋西北，到河北的张家口，再到内蒙古乌兰察布，也就是过去的察哈尔省一带，都是属于靠天吃饭的地域，十年九旱的气候让这一地带的农民对莜麦和土豆特别的依赖。为了能让土豆、莜麦这坝上二宝物尽其用，老百姓们可谓绞尽脑汁，在这一地区仅以土豆和莜麦为主料制作的主食，就不下十种，有直接拿鲜薯制作的主食，还有许多用土豆泥制作的主食。"土豆面面是一种具有历史沧桑感的经典食物，是用冻干土豆打粉制成的，这种土豆面非常耐储藏，保质期可长达15年以上，而且营养价值较高，基本保留了土豆原有的营养成分。所以，在过去靠天吃饭的年月里，这种原生态的土豆面就是张北农民心中的"定心丸"。正可谓家中有粮，心中不慌，有了它，即使碰到了灾荒，农民也不再害怕。

说起土豆制作的吃食，童年记忆中的土豆面跃然心头。"小时候，每当春耕时节，村里的孩子们最快活的事就是结伴赶着自家的猪，去刨秋天收获时遗留在地里的土豆，因为猪的嗅觉比较灵敏，可以帮人把地下的土豆拱出来。那场景跟法国人赶着猪去森林里挖松露有点相似。尽管土豆没有松露那

山药饸饹

么金贵，但在那个物质比较匮乏的困难时期，能从地里刨出来土豆也是如获至宝。"北方气候寒冷，冬季气温最低可达零下40℃，野外就是一个天然的冰库，土豆在地下经过一个冬天的冷冻，除水分随着冷冻风干散失外，品质依旧。聪明智慧的张北人，把自然馈赠给他们的这种冻土豆去皮、晾晒之后，打成了土豆粉，以供平日食用。

由于加工成粉后的土豆更耐储藏，而且食用起来也更方便，所以在当地农村至今还保留着这种储存方式。每年秋天土豆收获时，农民除了把一部分土豆放入窖中储藏，还会将一部分土豆晾晒在屋顶，待到来年开春时，将其去皮、晒干加工成土豆面。上等土豆面，呈灰色、有光泽，略带甜味。有了这种土豆面，制作成以土豆为原料的主食就更加省事了，拿糕、山药饸饹、山药烙饼、土豆鱼鱼等都可以用这种土豆面制作。最著名的土豆面山药饸饹是用土豆面，或者土豆面和莜麦面混合和面，搓成棒，放入饸饹床子（一种传统的面食加工工具），直接挤压在热水锅里煮食或者蒸笼里蒸食。吃时配上汤汁或调味汁。单独用土豆面制成的饸饹呈纯黑色，富有光泽，口感黏弹筋道。土豆和莜麦混合面做成的饸饹，呈巧克力色，色泽诱人，入口不仅有土豆的绵软口感，还有莜麦的爽滑和清香。

山药囤囤也叫莜麦囤囤，是晋西北、河北张家口、内蒙古一带的知名小吃，做法类似北京的懒笼。首先把莜面擀成片，然后在上面摊上和好的土豆馅，滚成一卷，切成寸半长小段，上笼屉蒸熟即可。吃法和莜面鱼鱼一样，也是必须配汤以调味，或羊肉汤，或番茄汤，或酸菜汤，夹一个囤囤蘸上一口汤，不用吃，心就已经融化在这香气之中了。无论是做山药囤囤，还是莜麦窝窝，最讲究的就是和面，莜面与白面不同，一定要用开水和面，这样面团才能成形。

　　饺饺是当地另外一款值得称道的主食，制作饺饺时首先将土豆切丁佐以各种调料，和少许肉馅拌匀。莜面用开水和成软硬适中的面团。像包饺子一样，擀皮包馅然后上笼蒸熟即可食用。饺饺的制作工序比较复杂，过去多在逢年过节时一家人坐在一起包制。如今在坝上很多饭店都有这道主食，如果馋了，随便进到一家，不需几分钟便能满足你的口腹之欲。

　　在传统中国，家庭女性承担的诸多角色中，美食缔造者毫无疑问是一个值得称道甚至可以炫耀的角色。张北女性同样拥有这样优秀的文化基因，其中制作一种叫做"磨擦擦"的手工食物被看做是考验她们娴熟美食技巧的最好手段，当然张北主妇们个个都是制作磨擦擦的行家里手。制作磨擦擦时需要用一种特殊的工具，这种工具叫做磨擦擦床，磨擦擦床和我们平时使用的擦子有些相似，二者的不同之处在于，擦子的眼比较光滑，擦出来的是丝，而磨擦擦床的眼儿上有刃，和锉刀的类似，关键在于"磨"，其原理是利用其尖锐的刃将土豆磨擦成糊。

　　磨擦擦的制作过程并不复杂，将土豆去皮洗净，用磨擦擦床磨成糊，加清水搅动，待沉淀后将上面的多余水分倒掉，加入适量的莜面（还可以加少许山药淀粉）揉拌均匀，将面团挤成毛蛋状。然后上笼屉蒸10～15分钟，趁热蘸汁食用。

　　磨擦擦蘸料多种多样，有用辣椒、盐、胡麻油、花椒粉、胡麻籽粉、干姜粉、葱、香菜加水拌匀制成的凉拌汁，有用羊肉口蘑熬制的醇香扑鼻的羊肉汤，还有酱香浓郁的肉末臊子，以及清新酸甜口味的番茄鸡蛋卤……爽滑筋道的磨擦擦，配上口味鲜香的汤汁，浓浓香味融在其中。

山药饺饺

6

马铃薯分布格局

覆盖南北纬40°

马铃薯在生产上的丰收性，生态上的适应性，经济上的高效性，使它从被发现以来，始终影响并推动着人类进步，曾先后被称赞为『改造了欧洲』『填饱了爱尔兰人的肚子』，并产生了『革命』性影响的作物。

1 世界马铃薯国家带

　　马铃薯的发现、传播与人类文明密切相关。马铃薯在生产上的丰收性，生态上的适应性，经济上的高效性，使它从被发现以来，始终影响并推动着人类进步，曾先后被称赞为"改造了欧洲""填饱了爱尔兰人的肚子"，并产生了"革命"性影响的作物。18世纪末，马铃薯成为欧洲大部分地区的大宗食物，几乎40%的爱尔兰人除马铃薯外不再吃其他任何固体食物，在荷兰、比利时、普鲁士和波兰，这一数字为10%～30%。因此，研究者将从爱尔兰到俄罗斯乌拉尔山以西的欧洲区域称为"马铃薯国家带"。在欧洲的版图上，这条国家带长达3200公里，宛如一条长长的用马铃薯串起来的"项链"，这串项链上的每一个国家都在不同时期因马铃薯的种植帮助国民解决了温饱问题。

　　如今，马铃薯早已走出安第斯山，目前全球大约有80%的国家种植马铃薯，这些国家主要覆盖赤道到南北纬40°的几乎所有地区，种植区域海拔最

从爱尔兰到俄罗斯乌拉尔山以西3200千米的欧洲区域称为"马铃薯国家带"

高可达4000米。从产区分布来看，可分为高山地区、低地热带区和温带区三大区域，其中高山地区包括南美洲的安第斯山脉、中国喜马拉雅山脉，以及其他分布在非洲、亚洲、拉丁美洲及大洋洲的一些山区；低地热带区是从巴基斯坦通过印度延伸到孟加拉国的印度河—谊河平原、秘鲁海岸以及北墨西哥；温带区包括大部分发达国家。

2013年马铃薯种植面积哪国最大

国家	收获面积（公顷）	国家	收获面积（公顷）
中国	5614600	波兰	337200
俄罗斯	2087824	秘鲁	317132
印度	1992200	白俄罗斯	305429
乌克兰	1391625	尼日利亚	264000
孟加拉国	443934	马拉维	258585
美国	425730	德国	242800

2013年马铃薯总产量哪国最多

国家	产量（吨）	国家	产量（吨）
中国	95941500	孟加拉国	8603000
印度	45343600	法国	6975000
俄罗斯	30199126	荷兰	6801000
乌克兰	22258600	波兰	6334200
美国	19843919	白俄罗斯	9513706
德国	9669700	英国	5580000

2013年马铃薯单产水平哪国最高

国家	单产（千克/亩）	国家	单产（千克/亩）
新西兰	3111.111133	澳大利亚	2569.560667
美国	3107.434133	爱尔兰	2554.517133
比利时	3076.5694	摩洛哥	2423.770133
荷兰	2910.1412	南非	2274.747467

2013年各洲马铃薯单产水平

单产（千克/亩）

北美洲	大洋洲	中美洲	欧洲	亚洲	南美洲	非洲
2872.113	2692.746	1720.727	1330.815	1261.693	1084.751	993.7677

② 全球马铃薯产业发展格局

随着农业科技的不断进步以及世界各国的农业结构调整，马铃薯产业在世界的发展格局也逐步改变。

20世纪90年代初，全球马铃薯生产主要集中于欧洲、北美和俄罗斯。此后，亚洲、非洲和拉丁美洲的马铃薯种植面积、产量、消费量均大幅度增加，发展至今，亚洲已经逐渐取代欧洲和北美成为世界第一大马铃薯种植区域。

近几十年来，世界马铃薯种植面积一直保持在2000万公顷（3亿亩）上下，近年略有下降。但马铃薯种植的地区分布不平衡，欧、亚两洲为最主要的马铃薯种植地区，其中，欧洲2003年马铃薯面积为820万公顷（1.23亿亩），约占世界种植面积的40%；亚洲为780万公顷（1.17亿亩），约占世界种植面积的38%；两者合计约占世界马铃薯面积的78%。而马铃薯的发祥地——南美洲种植面积仅94万公顷（约1400万亩），只占世界马铃薯种植面积的5%。近几年来，马铃薯的种植分布区域有所调整，具体表现为：亚洲种植面积有所增加，欧洲种植面积大幅减少，世界马铃薯总种植面积略有下降。

马铃薯种植面积哪国最大

截至2013年，欧洲马铃薯收获面积为860万亩，占全世界2.9亿亩的29.6%；亚洲为1.5亿亩，占51.2%；两者合计约占全球马铃薯种植面积的81%；而马铃薯的发源地南美洲种植面积为142万亩，仅占世界马铃薯种植总面积的5%。联合国粮农组织统计，2013年，全球有160个国家和地区生产马铃薯，收获面积约3亿亩，总产量约3.75亿吨。其中，发展中国家收获面积占世界总收获面积（注：粮食统计中有"播种面积"和"收获面积"两种概念，其中"播种面积"是指粮食播种时所占有的面积，而"收获面积"是指粮食成熟后，可以收获的土地面积，其中去除了"播种面积"中因其他原因，如火灾、冰雹造成绝收的不可收获的部分土地面积）的57%，发达国家占43%；总产量中，发展中国家占世界总产量的51%，发达国家占49%。

由下表可以看到，马铃薯收获面积前五名的国家分别是中国、俄罗斯、印度、乌克兰、孟加拉国，美国名列第六。

2013 年马铃薯收获面积位列前 12 的国家

国家	收获面积（公顷）	国家	收获面积（公顷）
中国	5614600	波兰	337200
俄罗斯	2087824	秘鲁	317132
印度	1992200	白俄罗斯	305429
乌克兰	1391625	尼日利亚	264000
孟加拉国	443934	马拉维	258585
美国	425730	德国	242800

数据来源：联合国粮农组织http：//faos ta t3.fao.or g/browse/Q/*/E，经整理而得。

马铃薯总产量哪国最多

马铃薯产量方面，欧、亚两洲举足轻重，主要生产国地位突出。从各国产量来看，2013年，中国马铃薯总产量达到9594万吨，占世界总产量的25.5%，占亚洲总产量的51.25%，暂居世界首位；其次为印度，总产量为4534万吨，占世界总产量的12.05%；俄罗斯排名第三，总产量约3020万吨；美国总产量达1984万吨，位列乌克兰之后排名第五。马铃薯总产量超过500万吨的生产大国还有德国（967万吨）、法国（698万吨）、荷兰（680万吨）、波兰（633万吨）以及英国（558万吨）等多个国家和地区。

2013 年马铃薯总产量位列前 12 位的国家

国家	产量（吨）	国家	产量（吨）
中国	95941500	孟加拉国	8603000
印度	45343600	法国	6975000
俄罗斯	30199126	荷兰	6801000
乌克兰	22258600	波兰	6334200
美国	19843919	白俄罗斯	5913706
德国	9669700	英国	5580000

数据来源：联合国粮农组织http：//faosta t3.fao.or g/browse/Q/*/E，经整理而得。

马铃薯单产水平哪国最高

2013 年马铃薯单产位列前茅的国家

全球平均亩产约1298千克，亚洲亩产约1262千克。

国家	单产（千克／亩）	国家	单产（千克／亩）
新西兰	3111.111133	澳大利亚	2569.560667
美国	3107.434133	爱尔兰	2554.517133
比利时	3076.5694	摩洛哥	2423.770133
荷兰	2910.1412	南非	2274.747467
法国	2893.590533	瑞典	2250.890067
萨尔瓦多	2840.315333	加拿大	2167.487667
英国	2676.259	土耳其	2105.0948
丹麦	2666.666667	日本	2088.3534
德国	2655.0522	中国	1139.19

数据来源：联合国粮农组织http：//faos ta t3.fao.or g/browse/Q/*/E，经整理而得。

2013 年各洲马铃薯单产水平

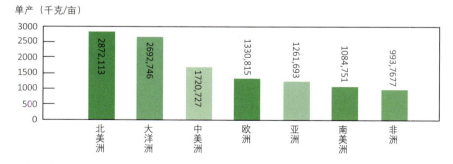

数据来源：联合国粮农组织http：//faos ta t3.fao.or g/browse/Q/*/E，经整理而得。

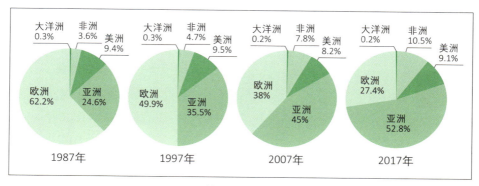

世界马铃薯种植面积占比变化

随着人类社会的科技进步，世界马铃薯单产水平也在不断提高。1961年世界平均单产为814.4千克/亩，2013年为1297.86千克/亩，单产水平提高了近60%。但区域间单产水平存在较大差异，北美洲单产最高，为2872.113千克/亩，是世界平均水平的2.2倍；其次为大洋洲，单产也超出世界平均水平的2倍；中美洲与欧洲均高于世界平均水平；亚洲、南美洲与非洲均低于世界平均水平，非洲最低，仅为世界平均水平的77%。

单产最高的国家主要分布在西欧、北美和大洋洲，其中新西兰马铃薯单产水平最高，达到亩产3111千克，排在其后的是美国、比利时、荷兰、法国，单产均接近3000千克；产量低于1000千克的国家约有67个；最低产量的国家主要分布在非洲，如斯威士兰、布隆迪、中非共和国等，这些国家的单产水平低于200千克，与高水平国家相差10倍以上，与世界平均单产水平相差5倍以上。中国的单产水平为1139.19千克/亩，低于世界和亚洲的平均单产水平。

③ 马铃薯生产大国扫描

中国

马铃薯官方名称 ▎马铃薯

2013年中国马铃薯产业

收获面积 ▎	5614600公顷
产　　量 ▎	95941500吨
单　　产 ▎	1139.19千克/亩

中国是世界最大的马铃薯生产国。2013年产量为9594万吨，已经成为全球主要马铃薯供应国，2005年马铃薯出口总量约25万吨（原料当量）。1960年至2000年期间，中国人均马铃薯产量增加近两倍，尽管马铃薯的年产量排在大米、小麦、玉米和甘薯之后，但超过80%的玉米和40%的甘薯被用作家畜饲料使用，而大部分马铃薯则被用于人类消费。对中国而言，马铃薯之所以重要不仅是因为它能够成为主粮，而且它还是土壤贫瘠的山区农民重要的收入来源，据不完全调查，在中国北部的内蒙古和陕西省等地，马铃薯的销售收入占农村家庭年收入的一半以上。为了应对日益短缺的农业用水和用地，中国科学家建议在占中国可耕地60%的干旱地区大幅增加马铃薯的栽培。

俄罗斯

马铃薯官方名称 ▎ картофеля

2013年俄罗斯马铃薯产业

收获面积 ▎	2087824公顷
产　　量 ▎	30199126吨
单　　产 ▎	964.29千克/亩

俄罗斯农民最终在19世纪中叶开始喜爱马铃薯，到1973年，俄罗斯与当时的白俄罗斯和乌克兰每年马铃薯总产量合计超过1亿吨。但此后，收获面积逐年减少，过去15年中，俄罗斯马铃薯年产量一直稳定在3500万吨左右。

尽管如此，俄罗斯依然是"马铃薯巨人"，虽然每年都会遭受科罗拉多甲虫、晚疫病等植物病虫害的侵害，马铃薯年损失多达400万吨，但2007年俄罗斯的马铃薯总产量仍仅次于中国，仍被称为世界马铃薯大国。而且，在人均消费方面，俄罗斯绝对是超级大国，其年人均马铃薯消费量约130千克。

印度

马铃薯官方名称 ▌ Potato

2013年印度马铃薯产业

收获面积 ▌	19922000公顷
产　　量 ▌	45343600吨
单　　产 ▌	1517.37千克/亩

16世纪末17世纪初，马铃薯被葡萄牙舰队带到印度。如今，印度已经成为世界第三大马铃薯生产国，2007年，印度马铃薯总产量约为2600万吨，2013年达到4534万吨，产业发展迅猛。

1960年至2000年期间，印度为了满足人口日益增长的现实需求，马铃薯种植规模不断扩大，40年间产量增长约850%。在印度，马铃薯是农民的主要经济作物，2005年，印度马铃薯产值约36亿美元，当年出口量总计约8万吨。印度马铃薯的种植主要分为两部分，一部分是适合该国炎热气候的印度河—谊河平原种植区，一般10月种植来年3月收获；另一部分是位于海拔相对较高的南方半岛种植区，适合全年种植生产。

德国

马铃薯官方名称 ▌ картопля

2013年德国马铃薯产业

收获面积 ▌	242800公顷
产　　量 ▌	9669700吨
单　　产 ▌	2655.052千克/亩

16世纪末到18世纪初，德国的马铃薯主要以饲料用为主。直到18世纪70年代，德国发生大规模饥荒，马铃薯才得以进入德国大众的视野。如今，德国也成为世界第七大和西欧最大的马铃薯生产国，2007年的年产量超过1160万吨。德国也是全球主要的马铃薯加工国和出口国，2005年，德国加工马铃薯就已经达到650万吨，其中330万吨被转化成马铃薯淀粉。

 **英国**

马铃薯官方名称 ▎potato、taten、buntàta

2013年英国马铃薯产业

收获面积 ▎	139000公顷
产　量 ▎	5580000吨
单　产 ▎	2676.259千克/亩

16世纪末，马铃薯来到大不列颠联合王国，并在爱尔兰生根落地。经过近200年的发展，工业革命期间，由于城镇和新劳动阶层的兴起，公众对廉价、高能食物需求猛增，马铃薯得以在英国大规模发展。随着历史的变迁，自1960年以来，英国马铃薯收获面积已经减半，注册马铃薯种植者也已经从7万名减少到约3000名，但英国马铃薯产量仍位居世界第12位，2007年其年产量达560万吨，年人均消费约为102千克，需求量远超过国内供应，因此也是全球著名的马铃薯进口国。

波兰

马铃薯官方名称 ▎ziemniaki

2013年波兰马铃薯产业

收获面积 ▎	337200公顷
产　量 ▎	6334200吨
单　产 ▎	1252.313千克/亩

波兰国王约翰三世索比埃斯基在17世纪中叶将马铃薯引进到波兰。到1970年时，该国马铃薯的年收获量就超过了5000万吨，仅次于当时的苏联，如今，波兰依然排在世界十大生产国之列。"Ziemniaki"（波兰语马铃薯）依然是波兰农业生产的核心，种植面积约占波兰大田作物面积的10%，种植业者超过220万人。

 **美国**

马铃薯官方名称 ▎potato

2013年美国马铃薯产业

收获面积 ▎	425730公顷
产　　量 ▎	19843919吨
单　　产 ▎	3107.4341千克/亩

　　尽管同处美洲，美国又是炸薯条消费大国，但直到1719年，北美洲才在新罕布什尔（位于美国新英格兰区域的一个州，因为盛产花岗岩而被称为"花岗岩州"）有了第一块马铃薯种植园。1799年，罗斯福当政期间，炸薯条被端上白宫的餐桌，并带动了美国马铃薯的消费。目前，美国马铃薯总产量居全球第五，其中大约有60%被加工成冷冻产品（如冷冻薯条和薯块）、薯片、脱水马铃薯和淀粉等。

 乌克兰

马铃薯官方名称 ▎картопля

2013年乌克兰马铃薯产业

收获面积 ▎	1391625公顷
产　　量 ▎	22258600吨
单　　产 ▎	1066.312千克/亩

　　尽管18世纪起马铃薯便在乌克兰种植，但是它对乌克兰的气候适应很慢。最初主要用于生产淀粉和酒精原料，直到20世纪，马铃薯才被作为粮食作物广泛种植。如今，乌克兰已经成为继中国、印度和俄罗斯之后的世界第四大马铃薯生产国，年人均消费量高达136千克。

 **秘鲁**

马铃薯官方名称 ▎papa, ch'uqi

2013年秘鲁马铃薯产业	
收获面积 ▎317132公顷	
产　　量 ▎4570673.2吨	
单　　产 ▎960.84千克/亩	

　　秘鲁是拉丁美洲最大的马铃薯生产国，年人均消费量达80千克左右。国际马铃薯中心CIP总部就设在秘鲁首都利马。目前，秘鲁马铃薯种植区域主要位于海拔2500米到4500米的安第斯山中部地区，为了保存该国丰富的马铃薯遗产，秘鲁政府于2008年7月创建了全国性的秘鲁本地马铃薯品种名录。

 白俄罗斯

马铃薯官方名称 ▎бульба

2013年白俄罗斯马铃薯产业	
收获面积 ▎305429公顷	
产　　量 ▎5913706吨	
单　　产 ▎1290.798千克/亩	

　　19世纪，马铃薯便已经成为白俄罗斯人的主粮作物。苏维埃时期，白俄罗斯培育的改良马铃薯品种曾占苏联马铃薯种植面积的1/3，鲜薯出口量超过50万吨。据不完全统计，目前白俄罗斯年人均马铃薯消费量约180千克，相当于每人每天0.5千克。白俄罗斯也是世界马铃薯生产大国之一，其年产量大约是小麦和大麦产量总和的两倍。

④ 全球马铃薯经济变迁趋势

　　马铃薯的主要生产国正由发达国家逐渐让位于发展中国家。发达国家，尤其是欧洲和独联体的马铃薯产量在过去20年间平均每年减少1%。然而，发展中国家的产量则以平均每年5%的速度增长，亚洲国家，特别是中国和印度是这一增长的主要驱动力。

2005年，全球马铃薯总产量中，发展中国家所占份额达到52%，首次超过发达国家的产量，这是一个非凡的成就，因为在20年前发展中国家在全球产量中所占的比例仅略高于20%。

曾经是世界马铃薯利用量支柱的鲜薯消费在许多国家，特别是在发达国家区域出现下降趋势，目前为了满足快餐和便利食品行业不断扩大的需求，马铃薯的加工量越来越大。这一发展趋势背后的主要驱动因素包括城市人口的增加、收入的提高、膳食的多样化，以及食用的便捷性等。

在贸易中，由于马铃薯通常被视为体积大、易腐烂和运输成本高的商品，因此其进出口潜力有限，主要局限于跨边界贸易。虽然有种种制约因素，但马铃薯的国际贸易还是不断增长，自19世纪80年代中期以来，这种贸易的数量已经翻番，价值增加近3倍。这一增长的原因是国际上对加工产品，特别是马铃薯产品及脱水马铃薯的空前需求。

但相对产量而言，马铃薯及其产品的国际贸易量依然疲软，交易量仅为产量的6%左右，包括冷藏费用在内的高额运输成本是国际市场扩张的主要障碍，因此亟待有新的技术或新的产品出现，以减低马铃薯贸易的成本。另外，关税也被用来保护国内马铃薯市场，限制市场准入的其他政策包括卫生和植物检疫措施以及贸易技术壁垒。

大多数国家均向马铃薯及马铃薯产品征收进口关税，世贸组织约定的约束税率差异很大，就"关税升级"，即进口方通过对加工产品征收高于原料关税的办法来保护加工业而言，马铃薯便是一个典型的例子。通过阻止各成员将其出口基本产品向更高价值的加工产品扩展，关税升级的做法可以控制这些国家或成员，使他们继续作为原料供应方，希望向利润更高的发达国家市场提供马铃薯产品的国家或成员还面临视频监控标准和技术规定带来的巨大障碍。

令人遗憾的是，马铃薯所具备的有利特性，尤其是其营养价值高并具有提高收入的潜力，尚没有受到政府应有的重视。缺少完善的销售渠道、得不到适当的机构支持、基础设施薄弱以及限制性的贸易政策等，都是阻碍该产业商业化发展的限制因素。国家和国际利益相关方有必要将马铃薯问题放在发展议程更重要的位置。

5 马铃薯对世界发展的影响

如同甘薯和玉米的作用一样，马铃薯帮助包括欧洲、中国在内的世界很多地方逃出了"马尔萨斯陷阱"。

怎么推广马铃薯都不过分

18世纪60年代，农业经济学家亚瑟·扬（Arthur Young）游历英格兰东部时看到了一个即将进入新时代的农业世界。这位细心的调查家接触农民，并记录下他们的劳作方法和收成规模。

根据他的数据，英格兰东部的1英亩小麦、大麦或燕麦田，年均产量在1300磅至1500磅之间（磅，英美制质量或重量单位，1磅约合0.4536千克）。与此相比，1英亩马铃薯的产量超过了25000磅，大约是前者的18倍。亚瑟·扬相信，种植马铃薯可以帮助英格兰的穷人。"希望所有推广这些块根（茎）的人们，都能够全力推行此事。"

由此，他宣称，国家"怎么推广马铃薯都不过分"。

将欧洲食品供给翻了一番

马铃薯从一开始就不挤占其他谷物的"雀巢"，而是它们的补充。以往，农民每年让一半种谷物的土地休耕，以养护地力并去除杂草。马铃薯来了以后，农民在休耕地上种植马铃薯，用锄地的方式对付杂草。因为马铃薯高产，以食物热量的标准来衡量，其最实际的结果就是令欧洲的食品供给增加了一倍。

"在西欧的历史上，第一次发现一个解决食品问题的决定性方案。"比利时历史学家克里斯·万登布罗埃克（Chris Vandenbroeke）总结道。德国历史学家乔基姆·雷德考（Joachim Radkau）的观点更直白坦率，他说，18世纪最为关键的环境革新，就是"种植马铃薯和体外射精的避孕方式"。

与它们在安第斯山区的角色一样，马铃薯很快就变成了欧洲大部分地区一日三餐不可或缺的食物，大约四成爱尔兰人每天除了马铃薯之外没有其他固体食物吃。而在荷兰、比利时、普鲁士，还有波兰，这个比例大约是10%到30%。在马铃薯种植国，常常发生的饥荒几乎消失，一条长达2000英里的种植带从西边的爱尔兰一直延伸到了东边俄罗斯的乌拉尔山脉（英里，英美制长度单位，1英里约合1.6093公里），马铃薯的到来终于使这片大陆能够供养自己的臣民了。这一地区，后来被称为"马铃薯带"。

马铃薯稳定了粮食产量

除了提高农业总产量，马铃薯更重要的好处是产量稳定。在种植马铃薯之前，夏天一般是挨饿的季节，贮存的粮食在秋收之前不断减少。成熟期只有3个月的马铃薯，可以在4月种下，在缺粮的7月、8月收获，为人们在青黄不接的困难时期提供食物。另外，因为收获早，马铃薯一般不会受到那种能毁掉小麦收成的欧洲海洋季风气候飘忽不定的秋季的影响。

马铃薯促使人口增长

在亚瑟·扬之后数年，经济学家亚当·斯密同样注意到了这些马铃薯。爱尔兰人除了马铃薯没有什么可吃，却依然能够保持身体健康，这令亚当·斯密印象深刻：伦敦的车夫、脚夫和煤炭搬运工……也许是大不列颠领土内最强壮的男子……据说，他们之中绝大部分是靠这种植物根（茎）维生的爱尔兰最底层民众。

现在我们知道了问题的答案：当只有一种口粮可以吃时，马铃薯比任何其他食物都能更好地维持生命。它含有除维生素A和D之外所有的必需营养素，而维生素A和D可以由牛奶提供；在斯密的年代，爱尔兰穷人的饮食主要由马铃薯和牛奶构成。

当时爱尔兰到处充斥着饥寒交迫的人，因为英格兰在17世纪征服爱尔兰后，将抢夺的绝大部分良田分给了自己的公民。许多爱尔兰人被迫成为小佃农，他们劳作的报酬就是获准在农场中耕种零星湿田时获得的收成。由于只有马铃薯可以在这种贫瘠的土地上生长，爱尔兰佃农沦为欧洲最贫穷的人之列。

　　然而，因为吃马铃薯，他们也是欧洲营养状况最好的人。亚当·斯密由此得出了一条结论：如果马铃薯能够"像稻米国家的稻米一样，成为人们最普通、最欢迎的植物性食品"，那么"同样数量的耕地将会养活多得多的人口"。斯密由此满怀信心地得出结论："人口将会增加。"

　　亚当·斯密的结论是正确的。马铃薯推动了欧洲人口的增长——马铃薯越多，人口越多。马铃薯被引进欧洲一个世纪后，欧洲人口总量大概翻了一倍。

　　相比其他地方，吃下了更多马铃薯的爱尔兰人口增长规模最大：从17世纪初的150万左右增长到了两个世纪之后的大约850万。这并不是因为吃马铃薯的人生养了更多的孩子，而是因为有了马铃薯，他们有更多的孩子能存活下来。

　　马铃薯拯救了因饥荒而死的人们，这部分影响是直接的。间接但更大的影响是，营养状况得到改善的人们，不再会轻易被那个年代最大的杀手——传染病害死了。挪威就是一个例子。寒冷的气候向来容易产生饥荒，在1742年、1762年、1773年、1785年和1809年导致了挪威全国范围的灾难。这时马铃薯来了。尽管平均死亡率的相对变化不大，但大的尖峰消失了。当曲线变得平滑，挪威的人口开始激增。

　　这样的故事遍布整个欧洲。面对"小冰期"造成生长季节变短的冲击，瑞士的山区村庄依靠马铃薯得到了拯救。1815年，萨克森王国战败给普鲁士，并割让了绝大部分农业土地，众多难民涌入了萨克森的城镇。为了跟上这不断上升的人口数字，农民们拔掉小麦和黑麦改种马铃薯，因为马铃薯的收成足以养活萨克森增长的人口，西班牙中部的农民砍倒了橄榄树和杏树而改种马铃薯。村子日渐丰阜，人口数量也跟着上升。

当然，马铃薯不是欧洲人口膨胀的唯一根源。马铃薯是在粮食生产的转型期之中到来的，这个转型影响非常深远，以致一些历史学家将其描述成"农业革命"。交通网络的改善使得食物从丰收地区运往歉收地区变得更容易。沼泽和高地草场被开垦出来，村庄公有土地被分给单个家庭，大量小农流离失所，但这却使农业机械化得到了大力发展。

像亚瑟·扬一样的改革者推广了更好的耕作方法，特别是将马厩里的粪便作为肥料使用。农民们学着在休耕地上种三叶草，以恢复地力。最先由西班牙的摩尔人驯化的三叶草，帮助欧洲人避免了过度放牧造成的牧场土壤破坏。进步并不局限于农业。产自美洲的白银让欧洲人能修造船只来发展贸易，从而提高生活水平。欧陆的治理能力，甚至是老大难的卫生标准，都得到了一定改善。

2010年，哈佛和耶鲁的两位经济学家试图说明这些原因，他们比较了欧洲几个相似但在适应马铃薯方面有差异的地区发生的事件后认为，任何系统性的差异，都可归因于新作物。虽然使这块大陆持续性地人口爆炸有很多原因，但据两位学者"最保守"的估计，马铃薯至少在欧洲人口的增加中起到了八分之一的作用。

见贤思齐，我国虽然在马铃薯的种植面积和总产量上稳居全球第一，但是在更体现农业科技水平的单产上却落在了世界平均水平的后面，这个局面固然有气候、土壤等自然条件的制约，但也表明了我国马铃薯育种尚有较大的提升空间。

小冰期与马铃薯的广泛传播

"小冰期"概念由美国科学家弗朗索瓦-埃米尔·马泰于1939年提出。根据NASA（美国太空总署）的定义，"小冰期"指与中世纪温暖期相比，1550年到1850年之间全球气温显著偏低的时期。这一时期在我国正好是明清时期，因此在中国也称为"明清小冰期"。

气候变化具有不同的时间尺度，一般来说气候变化的时间尺度与空间分布是相匹配的。小冰期具有全球普遍降温的特点，但温度程度变化表现出区域特征和时空差异，尤其在高纬度和高海拔地区，气候敏感的生态脆弱带所表现出的环境效应十分突出，影响植物生长和农业生产，对当时社会的农业文明、经济发展、民族迁徙、王朝更替等带来严重的影响。

欧洲小冰期

欧洲在小冰期之前的几百年里气候环境适宜，很少荒年和饥饿；13世纪前斯堪的纳维亚、冰岛、格陵兰之间少有积冰，粮食作物可生长在冰岛，甚至格陵兰；北部渔业繁荣。这种适宜的环境到13世纪开始改变，海冰和风暴使得挪威、冰岛和格陵兰之间的通航十分困难，割断了与冰岛的联系；由于北方冬季变得较冷，鱼群改变迁移路径，粮食不再收割，此地的渔民和农民的生活变得艰难。在欧洲大陆，13世纪后半叶和14世纪初经历了频繁灾害荒年，耕作的范围不断收缩。这一切表明小冰期气候变化在高纬度地区从13世纪开始就起着重要的作用。

从16世纪开始，在欧洲的高山区、斯堪的纳维亚、北部地区普遍出现冰川的膨胀和冰舌的前进，破坏了农田，毁灭了山村。冰川补给的河流，经常出现灾害性洪水，还伴随着滑坡和崩坍。英格兰中部1500年至1650年间冬天的温度骤降，17世纪最后10年特别冷。瑞士中部的山丘（海拔900米）到5月还被雪覆盖。阿尔卑斯山冰川扩张，冰舌延伸到2000米外的草地。气候的异常寒冷，战争、饥荒和流行病使日尔曼人口从1600万减少到900万。

中国小冰期

　　小冰期的气候在中国的响应也是十分强烈的。台湾高山湖泊于1320年开始出现冷干环境沉积，海拔大于4000米祁连山于1420年开始出现明显的降温，华北平原则于13世纪80年代进入明显的降温期。除了云南、贵州地区降温不明显外，小冰期盛期在全国范围普遍出现低温期，冬季和夏季降温均较明显。

　　由于这一时期跨中国明、清两朝，所以在中国也称"明清小冰期"。这次小冰期给中国农业社会带来巨大的打击，甚至成为战争爆发的导火索，在明代中叶，北方少数民族频繁入侵，战乱较多，尤其与鞑靼之间更是爆发了多起战争，其中就有著名的"土木堡之变"，1640年至1700年是这次小冰期中最冷的时期，此时期清军南下入关、建立政权。

　　岁寒，然后知马铃薯之滋养也。小冰期期间全球范围频繁出现饥荒，民不聊生，饥寒交迫，起义暴动叠起。在极端气候的考验面前，马铃薯以其比小麦、水稻等谷类作物更耐寒等特征，被广泛传播引种至世界多个地区，为人们提供赖以生存的食物保障，并在一代代的精心耕作、改良与技术引领下，供养着现代文明。

参考文献

白速逸，吴素芬，张香香，等，2006.变性淀粉在食品工业中的应用[J].粮食与食品工业，13(1):27-29.

曹瑞臣，2012.作物改变世界——以马铃薯对爱尔兰的历史影响为例（上）[J].(8):18-23.（8）.

陈景鑫，孙蕊，马赛楠，2016.变性淀粉在食品中的应用研究综述[J].江苏调味副食品，(2):4-5.

戴朝曦,2011.马铃薯的寰宇传奇[J].森林与人类，(5):36-49.

丁文平,王月慧,夏文水，2004.淀粉的回生机理及其测定方法[J].粮食与饲料工业,(12):28-30.

菲利普·费南多-阿梅斯托,2013.文明的口味——人类食物的历史[M].北京:新世纪出版社:211-213.

甘柳媚，2019.马铃薯高产栽培技术要点及发展前景[J].中国果菜，39(8):87-89.

高杰，2017.糖尿病新疗法或将告别注射胰岛素[J].上海科技报，(5).

葛声，2011.糖尿病患者可以吃土豆吗？[J].糖尿病新世界，(9):37.

郭俊杰，康海岐，吴洪斌，等，2014.马铃薯淀粉的分离、特性及回生研究进展[J].粮食加工，(2).

何炳棣,1979.美洲作物的引进、传播及其对中国粮食生产的影响(三)[J].世界农业,(6):25-31.

姜伟，2014.马铃薯适宜生长条件探析[J].黑龙江科技信息，(31):277-277.

静安，2012.饱腹感食物 减肥好帮手[J].中国保健营养,(3):62-63.

科技苑，马铃薯的故事（上）：从欧洲到世界[BE/OL].http://jingji.cntv.

cn/20100224/108338.shtml.

科技苑，马铃薯的故事（下）：从欧洲到世界[BE/OL].http://finance.cctv.com/20100225/110350.shtml.

联合国粮农组织，2009.重新认识被埋没的宝物[M].罗马：联合国粮食及农业组织.

刘立善，2011.日本的"马铃薯"精神[J].日语知识，(7):38-39.

刘洋,2015.世界马铃薯消费特点与趋势[J].中国农业信息，(6):156-159.

刘亚伟，2011.变性淀粉在食品工业中的应用[J].农产品加工·综合刊,(3):10-11.

刘强，2018.花青素提取工艺的研究进展[J].云南化工，(6)7-9.

人民网，2013.科学家让土豆发电[EB/OL].http://scitech.people.com.cn/n/2013/1124/c1057-23638677.html.

搜狐网，2016.明末马铃薯传入中国当时仅达官显贵可享用[BE/OL].https://www.sohu.com/a/86422969_354862.

孙成斌，2000.直链淀粉与支链淀粉[J].黔南民族师范学院学报(10).

汤姆.斯坦迪奇，2014.舌尖上的历史——食物、世界大事件与人类文明的发展[M].北京:中信出版社：97-127.

腾讯科学，2013.土豆电池技术的应用任重而道远[EB/OL].https://tech.qq.com/a/20131118/002565.htm.

王秀丽，马云倩，郭燕枝，等，2016.马铃薯的世界传播及对中国主食产业开发的启示[J].中国农学通报，（35）:227-231.

王秀丽，2016.马铃薯世界之旅[BE/OL].科普中国，https://zhidao.baidu.com/daily/view?id=9998.

王秀丽，2016.马铃薯成长日记[BE/OL].科普中国，https://tech.qq.com/a/20160325/022434.htm?pc.

王秀丽，2016.揭开马铃薯减肥的秘密[EB/OL].科普中国，https://tech.qq.com/original/kpzg/kp645.html.

王秀丽,马云倩,孙君茂，2016.中国马铃薯消费与未来展望[J].农业展望,(12):87-92.

王秀丽，2016.你的蔬菜，我的主粮——"两栖食物"马铃薯[EB/OL].科普中国，https://tech.qq.com/original/kpzg/kp649.html.

谢开云,屈冬玉,金黎平,等,2008.中国马铃薯生产与世界先进国家的比较[J].世界农业,(5):35-38,41.

新华网，2015.你所不知道的"土豆传奇"[EB/OL].http://www.xinhuanet.com/politics/2015-04/29/c_127744384.htm.

新华社，2010.60天只吃土豆会怎样[EB/OL].http://news.cntv.cn/20101202/101645.shtml.

杨月欣，王光亚，潘兴昌,2009.中国食物成分表（第2版）[M].北京:北京大学医学出版社.

翟乾祥，2004.16—19世纪马铃薯在中国的传播[J].中国科技史料,25(1):49-53.

赵国磐,1988.马铃薯的起源于传播(三)[J].种子世界,(11):10-11.

中国农业科学院，2015.马铃薯主粮化宣传册[M].北京:中国农业出版社.

周玉环，2010.马铃薯测土配方施肥技术[J].北京农业.

拉里·祖克曼,2006.马铃薯：改变世界的贫民美馔[M].北京中国友谊出版社:112-141.

360图书馆，2017.你最关心的问题，怎么吃更饱腹[EB/OL].http://www.360doc.com/content/17/0627/07/7863900_666830901.shtml.

Arthur Young, 1972.A Tour in Ireland (1776-1779)[M]. Cambridge: Cambridge University Press:25-27.

Berthold Laufer, 1939. The American plant Migration Part I:The Potato [J]. A Journal of the History of Science Society,30(3):551.

Larry Zuckerman, 1999.The Potato: How the Humble Spud Rescued the Western World [M]. New York :North Point Press:92-98.

Mary Stocks. 1916.German Potato Policy[J].The Economic Journal, 26(101):57-6.

Michael Pollan, 2002.The Botany of Desire:A Plants- Eye View of the World [M].Random House Trade Paperbacks,176-202.

Salaman R N, 1970.The History and Social Influence of the Potato [M]. Cambridge: Cambridge University Press,441-444,563-571.

Mcneill W H,1999. How the potato changed the world's history[J]. Social Research,66(1):67-83.

EPILOGUE 后记

　　2015年1月，农业部从保障国家未来粮食安全、生态环境永续发展、居民膳食营养均衡健康的高度，提出了马铃薯主粮化的宏观构想。作为马铃薯主粮化战略的路径探寻研究和产业推进引领，国家公益性行业（农业）科研专项"马铃薯主粮化关键技术体系研究与示范"项目（以下简称"马铃薯主粮化项目"），在执行之初，首席科学家陈萌山研究员就召集沉浸项目之中、深刻理解项目背景及推进节奏的研究者，精心编撰一套科普书籍，即《马铃薯简史 中国主粮》和《马铃薯简史 全球食物》，梳理马铃薯的传播轨迹，记述马铃薯的发展演变历史，阐释马铃薯主粮化战略的背景、路径、使命与前景，记载马铃薯主食产业开发中的关键问题和重要成果等，既深入浅出地呈现马铃薯这一全球食物的发展简史，又系统生动地凸显马铃薯成为中国主粮的探索推进历程，同时彰显主粮化项目执行中，科学家们的创新思维、科学精神与科研成果，作为一份特别的礼物，献给所有关心食物、健康与发展的人们。

　　随着国家马铃薯主粮化战略的顺势循次推进，中国马铃薯主食产业开发受到海内外的广泛关注，马铃薯这一埋藏在地下的宝物，再度成功吸引人们的注意力。五年来，在农业农村部的坚强领导和大力推动下，马铃薯主粮化战略在论证中不断反思调整，在研究中不断凝聚共识发展前行。中国农业科学院组织全国数十家相关科研机构的60多位科学家，组成项目组，勠力同心，刮摩淬励，钻坚研微，充分发挥了科技创新的引领作用，取得了斐然成效。"马铃薯简史"这套图书呈现的事实、观点、结论，即是对这一项目五年来研究推进、引领产业发展、探索发展道路和取得成果的再现、总结和思考。

作为本项目的研究成果之一，本套图书记载了马铃薯主粮化项目的实施过程，全景式地呈现这一项目执行的始末，上册《马铃薯简史 全球食物》追溯了马铃薯世界之旅中的奇闻轶事以及数据记载，客观刻画了马铃薯的性状特征与营养内涵，在此基础上揭示出马铃薯这一作物对所到之处作物结构、人口分布、发展格局的作用，乃至世界政治经济样貌的影响，为中国启动马铃薯主粮化战略留下伏笔。下册《马铃薯简史 中国主粮》回望马铃薯来华四百余年对我国土地开发、养丁惠民的贡献，马铃薯主粮化战略的来踪去迹，科学描摹马铃薯主食性状，客观记述马铃薯的营养特征与健康功效，恰如其分地展现出马铃薯主粮化战略对农业结构调整、环境永续发展和人民膳食升级的作为。这套图书从起笔到定稿，已历五年。时光荏苒，流年悄逝。在感叹之余，回顾本书写作过程中的种种艰辛，当中停停改改，难度重重，种种不满意与放弃的念头，项目首席科学家与领导既体谅稿件进度的缓慢，也不时下"通牒"督促，勉励我们坚持。反复修改过程中，陈萌山研究员带领我们就方向、内容和语言风格不断优化、调整，并一再告诫我们，不要偷懒简单地罗列陈旧的数据和使用过去的材料，项目发展活生生的现状不应该被忽视，必须不断跟踪马铃薯主食产业的推进，浸淫于如火如荼的马铃薯主食产业开发实践中，抓住项目推进的主线与重点，深化并提炼材料，用文字如实呈现于书中。

的确，这五年间，在马铃薯主粮化项目边研发边转化的推动下，马铃薯主食产业化发展风生水起，在实践中推陈出新，探索出一条条卓有成效的路子，涌现出因地区环境制宜、因品种制宜、因加工方向不同而有别的模式，不一而足。规划布局五大马铃薯功能区域；集成各区域品质提升与高效种植技术模式多套；开展试验示范，辐射带动种植面积日益扩大；筛选培育出适宜不同主食加工的马铃薯主粮化品种品系；测算马铃薯主粮化种植的经济、生态与社会效益，提出2.5：1的马铃薯营养当量系数；设计出传统大众型、地域特色型与休闲功能型三大类马铃薯主食产品；攻克马铃薯主食加工过程中黏度大、成型难、发酵难、易开裂等技术瓶颈，研制出以马铃薯全粉、马铃薯泥、浆、渣、鲜马铃薯等为原料，35%～60%不同马铃薯占比的马铃薯主食产品60余种、300多款；在马铃薯优势产区和主食产品消费潜力区九省（区）七市开展马铃薯主食产业开发试点，在试点区的百余家企业建立生产线，实现马铃薯主食产品开发成果应用转化，生产出马铃薯馒头、面条、米线、馕、点心、方便食品等马铃薯主食产品，已进入市场，深受消费者喜爱；对马铃薯馒头、面条、米线等产品进行了多人群、多地区的食用功效评估试验，科学验证了马铃薯主食产品对血压、血糖、血脂等具有控制作用的健康功效。在舆论指引、科普宣传与消费引导方面，以马铃薯主粮化种植、马铃薯主食产品加工、营养、典型案例等为主题，策划"舌尖上的马铃薯""马铃薯主粮化战略专家谈""专家谈马铃薯主食营养""马铃薯主食开发成果展"等系列活动，进行多角度、全方位立体宣传报道，强化正确的宣传导向，普及相关知识，营造马铃薯主食产业开发的良好氛围。组织开展有步骤、有重点，分地区、分产品、分人群的"膳食平衡营养健康"马铃薯营养知识宣传暨主食消费引导系列活动，形成现场烹饪互动"进社区"，固定人群定期品尝"进食堂"，饮食文化挖掘"进校园"，品牌推广提升"进展会"等系列消费引导模式；设立马铃薯主食厨房、马铃薯主食专购店，打造了马铃薯主食"营养、安全、健康"的食物形象，引导广大消费者科学食用马铃薯主食，推动马铃薯主食登上百姓餐桌。

马铃薯主粮化项目的执行在反复研讨中解放思想，打开视野，在科学研究中凝聚共识，强化实践，着力提升马铃薯主食产业开发的理论与技术支撑。马铃薯主粮化路径的探索，不同种植模式的规划和试验，多种产品的开发与健康功效循证，分人群有重点的科普宣传与消费引导活动……五年来的工作，像一幅幅画卷，透视出马铃薯主食产业推进的实践与成就，展现了本项目上承农业结构调整、产业发展，下接农民脱贫致富、人民膳食升级的顶天立地与本土发展相融共促的特征，为中国农业结构调整探索了途径，为粮食安全贡献了力量，同时也丰富了居民的膳食生活。产业发展推进实践探索过程中的曲折，也像摸石头过河一样引人入胜，以至于"马铃薯简史"书稿内容、体例不断颠覆重构，几易其稿，体量也从最初的近10万字丰富到现在的30余万字。

《马铃薯简史 全球食物》与《马铃薯简史 中国主粮》这套书的成书与出版，一如马铃薯主粮化项目的研究推进，其间饱含了劳动的汗水、复杂的体验与深刻的思考，更重要的是，包含了我们对农业科研项目科普研究工作的挚爱与深情。本书的出版宣告这一项目的研究告一段落，但本研究仅仅奏响了马铃薯主食产业发展历程波澜壮阔乐章的序曲，此领域尚有许多亟待深入探索的问题。无论是马铃薯主食产业的推进，还是农业科研项目的科普工作均任重道远，交叉学科的综合性和复杂性让我们深刻感受到，前途是光明的，道路是曲折的。不过，通过对马铃薯作为全球食物和中国主粮的研究，我们实践着农业科研项目科普工作的理想，并且在尚不清晰的道路上摸索向前，在艰难中有着沉甸甸的收获。

这段书写工作自有不断突破自我认知的欣喜，但更多的是长时间全身心的投入、坚持与苦熬，团队成员服田力穑，付出极大努力。从方向擘画、结构安排、资料采集，到审读、修改，项目首席科学家陈萌山倾注了很多时间和心力，一遍又一遍地调整书稿框架，多次召开审稿会修正书稿中的问题，书名、文字、插图与形式，所有细节均一丝不苟，严格把关，点点滴滴，难以忘怀，激励我们笃定初心，踏实精进。

本书有关马铃薯主食产业开发的产品、技术、工艺、设备等来自国家公益性行业（农业）科研专项"马铃薯主粮化关键技术体系研究与示范"项目组的科学家提供，他们是王小虎、熊兴耀、张泓、木泰华、庞昭进、胡新元、黄天荣、郑虚、游向荣、赵丽云等，中国农业科学院科技管理局及陆建中、熊明民等给予大力指导支持，谨致谢忱。农业农村部食物与营养发展研究所领导班子的重视，是本书完美出版的重要保障。

最后，感谢中国农业出版社在"马铃薯简史"出版过程中给予的倾情支持和大力帮助！中国农业出版社副社长刘爱芳亲自督战，配备最强的编辑、审校、设计队伍，部署推进图书的出版与宣传工作，百忙中抽暇悉心审读稿件，提出很多金玉之见。分社社长王庆宁倾分社之力确保图书高质量付梓的同时，有序启动宣传工作。责任编辑李梅慎行敬终，严谨对待每次易稿，精心打磨每处细节，封面设计更稿20余次，仍兢兢业业不厌其烦。他们的努力使得本书实现了毛虫向蝴蝶的蜕变。

马铃薯主粮化项目的结题宣告它作为一项研究工作告一阶段，但马铃薯主食产业开发与马铃薯主粮化战略推进仍在路上。我们坚信，在党和国家领导人的关心与重视下，在相关科学家攻坚克难的科技引领下，在马铃薯主食生产企业的市场带动下，马铃薯主粮化战略必定在中国乡村振兴、农业结构调整、人民膳食升级、健康中国建设的进程中发挥越来越大的作用，做出更新更大的贡献。

本书作者
2020年6月